100年続く
地方創生ビジネスの秘密

世界標準・
日本唯一の
事業のつくり方

[監修] 山口 揚平
[編] ブルー・マーリン・パートナーズ株式会社

目　次

はじめに　　6
- 100年先の地域をつくる事業創出の羅針盤　　6
- 企業オーナーと事業創出の実務家、二種類の読者に向けた事業創出の手引書　　6
- 本書でお伝えする「地域価値をつくる事業」　　8
  - 地域開発の五戒　　9
  - 地域開発の「6つの要素」とその手法　　9
  - 事例集: 新しい生き方を事業に導入する　　11
- 出版に寄せて「成熟期を迎えた日本で必要な地方創生・地域開発とは」　山口揚平　　12

第1章　地域開発の五戒　　15
- 100年後の暮らしをつくるために必要なこと　　16
  - 地域全体の価値を向上させよう　　16
- 1．たった一つの「世界標準・日本唯一」を売り出そう　　18
  - 「車椅子でも登山ができる」という価値　　18
  - ブランドを確立した「今治タオル」(今治市)　　20
  - 地域の独自性を活かし、価格交渉力を高めよう　　23
- 2．プロセスを開放しよう　　25
  - モノからコト、そして「ピア」へ　　25
  - 島の存亡をかけたまちづくり(海士町)　　27
  - 長期的に応援してくれるファンを獲得しよう　　28
- 3．地域"関係"人口を増やそう　　29
  - 移住者増加を狙うべきではない　　30
  - 徴税の新しいあり方「第二市民制度」　　30
- 4．地域へのアクセスを開発しよう　　32
  - 交通手段によって顧客層が定義される　　33
  - 空港と東京駅を結ぶ500円高速バス(茨城県)　　34

- 5．新しい技術を使おう　35
  - 新しいインフラには新しい技術を　36
  - 民間企業と協業し、次世代型インフラを目指す（小布施町）　36
- COLUMN　これからの佐賀県の戦略　山口揚平　39

第2章　地域開発の6つの要素　41

- 地域開発とプロフェッショナルキャリア　42
  - 都会のビジネスパーソンにできること　43
- 企業価値から地域価値へ　45
  - 企業価値を高めるには　45
  - 地域価値創造の構成要素　45
  - 企業価値と地域価値の「共通点」　46
  - 企業価値と地域価値の「相違点」　48
  - なぜ地域価値が重要なのか？　48
- 地域開発の6つの要素　50
- 2-1　グランドデザイン策定のための3つのステップ　52
  - Step.1　地域を立体的に解析する　54
  - Step.2　コンセプトを明確にする　63
  - Step.3　実装とオペレーション　65
- グランドデザインの策定（広島県呉市の場合）　69
  - Step.1　呉市を立体的に解析する　69
  - Step.2　呉市のコンセプトを明確にする　78
  - Step.3　実装とオペレーション　81
- 2-2　地域内ステークホルダーの「5G」を理解する　84
  - ステークホルダーのマネジメントが鍵になる　84
- 2-3　小さなプロジェクトを始める　88
  - 地域価値を向上する20の短期施策集　88

● 2-4	市民価値創造と「関係係数」	130
	関係性をデザインする	130
	地域価値をどのように測るか	131
	「関係」という新しいKPI	132
	地域を維持する「なめらかな経済」のつくり方	134
COLUMN	市民・行政・事業者をつなぐ「スーパーローカルアプリ」 山口揚平	141
● 2-5	グランドデザインに合わせて継続的成果を測定する	145
	地域の1,000億円産業とは	145
	イタリアには各都市ごとに1,000億円産業がある	146
	地域価値におけるKPIとは	147
	「地価」は地域のKPIになるか？	148
	国内外で重要性が高まる「社会的インパクト評価」	149
	地域が乗り越えるべき二重経済問題	150
COLUMN	新しい観光業の形 山口揚平	153
● 2-6	長期的に開発予算を確保できる財源（ビジネスモデル）とは	156
	ビジネスモデル1. 村民権方式（第二市民制度）	157
	ビジネスモデル2. 不動産方式	160
	ビジネスモデル3. DMO・自治体方式	169
	ビジネスモデル4. 基金運用方式	171
COLUMN	京都府における伝統承継基金 山口揚平	176

第3章　世界の変化
（3つの層 / 社会の変化 / 個人の変化） 181

●世界の変化（3つの層 / 社会の変化 / 個人の変化）		182
	世界は3つの層に分かれている	184
	年収と社会的価値の逆相関関係	185

目　次

- ●ボーダレスワールドからヴァーティカルワールドへ　　188
  - ヴァーティカルワールドは豊かさを生む　　189
- ●日本の課題と新しい姿　　191
  - 財源の自立　　191
  - 孤独と孤立の克服　　191
  - 日本の新しい姿（USJ構想：United states of Japan）　　193

第4章　　事例から地域価値創出を学ぶ　　197

- ●賢い土着の方法（和歌山県有田川町）　　198
  - 貢献し土着する　　199
  - 地域の挑戦者の参謀になろう　　200
  - 食いぶちを用意した上で手弁当でやり後から回収する　　201
- ●それぞれの土地に一つ小さな迎賓館を（江之浦リトリート 凛門）　　203
  - 「絵のように美しい海岸」　　203
  - 「凛門」での特別な体験　　205
  - アートとリトリートの組み合わせが新たな価値をもたらす　　206
- ●日本の伝統文化「湯治」を現代にアップデートする（石川県）　　207
  - 「新・湯治場」で温泉街を再興するという夢　　207
  - コンセプトは癒やしではなく「治療」　　208
  - 世界の最先端の潮流との融合　　209
- ●スマート・コミュニティ・ホスピタル構想（公平病院）　　210
  - 70年続く地域の健康を見守る病院　　210
  - 次の潮流として注目が高まる「Well-being」　　211
  - 病院が地域のWell-beingを担保する役割を担う　　212

おわりに　　214

はじめに

100年先の地域をつくる事業創出の羅針盤

　なぜあなたはこの本を手に取り、開いたのだろうか。

「地域のために、事業で何かしていきたいんだよな」

　最高だ。そんなことを考え、挑戦する方にはもちろんこの本を読んでいただき、その挑戦に私たちも関わることができればと思う。

　一方で、このように感じている方もいるかもしれない。
「このままじゃまずい気がする。うちの会社や地域はこの先大丈夫だろうか」

　このように迷う方も、この本が想定している読者のストライクゾーンのど真ん中である。この本を読み進めることで、なぜこのままではまずいのかをひもとき、新たな羅針盤を見つけていただくことができるからだ。この本を開いた時点で、あなたは現状肯定あるいは現状へのしがみつきで何とか生きていこうとする方とは別の種の生き物だと思っていい。

企業オーナーと事業創出の実務家、 二種類の読者に向けた事業創出の手引書

　この本の目的は、タイトルにもあるように「100年先の地域の未来をつくる事業を創出すること」ではあるが、大きく分けて二通りの使い方がある。

一つは企業オーナーである経営者の方々に、新しい産業創出の必要性を伝え、「では私の地域でやってみようじゃないか」と、ともに一歩を踏み出していただくことだ。

多くの企業オーナーは、長く活動してきたご自身の地域に対して、愛情をお持ちだろう。その上で、ご自身の事業と地域の未来を直接重ねることはまだできていない方もいらっしゃるかもしれない。地域があることで、ほとんどの事業は成立しているが、この本では、地域自体をつくる側に私たち企業が回ることができるのだとお伝えする。

本編では「企業価値から地域価値へ」とも述べているが、画一的なモデルに投資することで企業の成長を得られた時代が終わり、今は地域や企業には、それぞれの場所に根ざして取り組むべき課題を見据えたアプローチが求められている。その課題解決を行政に任せられるような状態ではないことはご存知の通りだ。だからこそ、企業オーナーが地域の100年先をつくりうる事業創出へ投資を行うことが必要だ。

この本は実務家に向けた、事業創出のためのフレームワークの詳細を解説しているが、そこまでを企業オーナー自身がカバーする必要はない場合が多いだろう。まずはこの「はじめに」と第1章までをお読みいただき、ご自身の地域で取り組みたいと考えられるのであれば、信頼する社内のメンバーやパートナーに本書をお渡しいただき、ご自身の想いを伝えていただきたい。それが本書の1つ目の使い方である。

2つ目の使い方は、そういった企業オーナーの想いを受けて、事業創出の実務を行う現場のスペシャリストの皆さんへ、地域価値を高める事業づくりの方法論を具体的に提供することである。部分最適のアプローチが全国に地方創生プロジェクトの屍を大量生産してきたことを皆さんはご存知だろう。

時間的な意味で部分最適を求めた結果は、予算が拠出されている間に一気

に進めてしまう開発だろう。箱ものに限らず、予算期間終了後に該当事業を継続して運営し続けることができなかったプロジェクトは、私たちの貴重な時間を割いてつくるべきものではない。

　地理的な意味での部分最適としては、全体として人口が減少する日本の中にあって取り組もうとする「移住者の増加施策」などが挙げられるだろう。隣が増えれば隣が落ち込むような住民の取り合い施策が、エリア全体の発展につながるとは考え難い。誰かが勝てば誰かが負ける類のゼロサムゲームのコントロールだけでは、地域の100年先の未来をつくることはできない。今ない価値を新たに、継続して創出できるような事業こそが、私たちが取り組むべきものだろう。

　この本では、私たちが多くの事業創出の経験から蓄積してきたフレームワークを、地域開発に即してまとめている。ご自身の考えを整理し、計画するためにはもちろん、関わるステークホルダーとの共通言語を設けるためにも使えるはずだ。

本書でお伝えする「地域価値をつくる事業」

　本編に入る前に、この本の要点を伝えておきたい。

　本書の前提としてある考え方は「企業価値から地域価値へ」ということだ。企業価値だけを成長させることは難しい。価値をどの物差しで測るのかによっても変わるが、例えば「価値＝豊かさを感じること」とした場合に、個人や企業の豊かさは、その住まう環境の上にしか立脚しない。

　「個人と地域」「企業と地域」の二本軸で考えるのではなく、「地域の中の個人」「地域の中の企業」と地域の成長・発展の中で自分自身を捉える必要があるだろう。だからこそ、地域価値を創出する活動を企業が行うことが必要だ。このあたりの背景は主に第3章でお伝えしている。

ちなみに、私たちの別の著作『3つの世界』（2024／プレジデント社）では、これらの背景変化を「キャピタリズム（資本主義社会）」「ヴァーチャリズム（仮想現実社会）」「シェアリズム（共和主義社会）」の3つの世界で表現し、どのように関わるべきかを説いているので参考としてほしい。

地域開発の五戒

第1章では、「地域開発の五戒」と銘打って、100年先の地域をつくる事業づくりの目的・方法の両方を解説している。

五戒の1つ目は「たった一つの『世界標準・日本唯一』を売り出そう」である。今治タオルを例に挙げながら、地域から世界へ届けられる唯一無二の価値をいかなるストーリーから生み出すかを解説した。これらのオリジナリティが産業の価格交渉力に直結し、市場の中での競争力をどのように確保するかにつながっている。

ほかにも、完成した製品ではなく取り組む過程自体を価値として提供していくプロセスエコノミーや、無理な移住者増加ではなく「第二市民制度」というコンセプトで地域に携わる関係人口を増やす方法などを紹介している。

また、地域の中でいかにコンテンツを充実させても、「地域への行きやすさ（アクセス）」がなければ提供しようがない。そのため、交通アクセスが定義する顧客層についても解説した。

地域開発の「6つの要素」とその手法

第2章では、地域開発の具体的な手法として、取り組む対象要素「6つの要素」を解説する。

地域開発を進めるために必要な6つの要素とは、グランドデザイン、プロ

ジェクト、地域内ステークホルダー、市民価値創造、財源（ビジネスモデル）、継続的成果（定量／定性）だ。本編では事業価値創造に従事してきた方々にとって活用しやすいよう、各要素が事業価値創造における何にあたるのか、対応する形で解説している。1つ目が「グランドデザイン」である。地域の価値の源泉であるコンセプトに基づき、100年単位の計画を策定する。第2章では、各要素の定義や取りうるアクションについて解説し、「地域価値を向上する20の短期施策集」や、事例として広島県呉市のグランドデザインの詳細についても共有している。続く第3章では、地域開発が必要とされる背景にある、世界の変化と日本の新しい姿について解説した。大局観を持つ

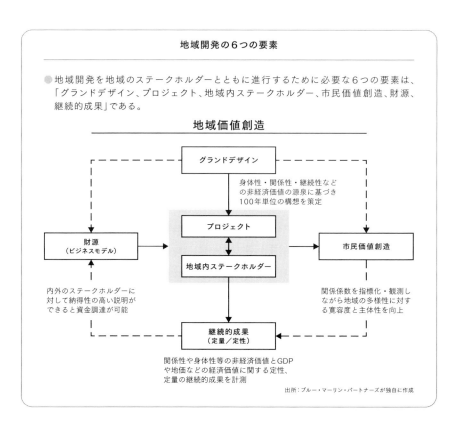

ために活用してもらいたい。

事例集：新しい生き方を事業に導入する

　第4章ではケーススタディを設けて、地域で実践する方々の先端事例について取り上げた。

・賢い土着の方法（和歌山県有田川町）
・それぞれの土地に一つ小さな迎賓館を（江之浦リトリート 凜門）
・日本の伝統文化「湯治」を現代にアップデートする（石川県）
・スマート・コミュニティ・ホスピタル構想(公平病院)

　あなたが企業オーナーであれ、実務家であれ、現状に何か限界や課題を感じて本書を開いていただいたはずだ。これまで通りの方法だけでは、自社のメンバーや地域の仲間、そして何よりもあなた自身が豊かさを感じることができないと考えているのではないだろうか。この本では、そのままの正解は提供できないかもしれないが、同じように限界を感じて、実際に事業を通じた地域開発に挑戦してきた全国の先駆者たちの取り組みに触れていただける。

　今まで地域に蓄積してきたものは活かしながら、100年先に向けた未来をつくる新たな一歩として、本書で紹介する方法を活用してほしい。

出版に寄せて

「成熟期を迎えた日本で
　必要な地方創生・地域開発とは」

ブルー・マーリン・パートナーズ株式会社 代表取締役
山口揚平

　読者の皆さんが「地域開発（あるいは地方創生ビジネス）」に関心を寄せている背景はさまざまでしょう。ここで著者を代表して、私たちが考える「取り組むべき地域開発」についてお伝えします。

　日本の人口は、団塊世代とその子どもの団塊ジュニア世代が圧倒的に多く、これまで経済・政治はこれら二世代の影響を強く受けてきました。世代別の子どもの数を見ると、団塊世代と団塊ジュニア世代では１学年に約200万人の子どもがいました。しかし、少子高齢化が進む中、その後の団塊ジュニアの子どもは１学年に100万人もおらず、さらに次の世代となるとおそらく１学年に50万人にも満たないことが推計されています。二世代のうちに、子どもの数は200万人から50万人へと４分の１に減ってしまったのです。
　現在、日本の労働者は約6,000万人。一方で労働に従事していない人数は、年金受給者の4,000万人と何らかの形で国からの補助に生活を依存している1,000万人を合計して、約5,000万人と想定されます。もはや、日本におい

ては「生産人口（労働に参画する人口）」と「依存人口」は半々となっているのです。このような状況では、これまで通りの方法で地域ひいては国が成り立つわけがありません。

　今後、日本はヨーロッパのように、面でなく点で構成された都市国家の集合体になると私は考えています。国や中央に依存することなく、各地域が自立的・自律的に運営され、社会制度の再構築から新産業の創造までを主体的に行っていかざるを得ない日が迫っています。
　だからこそ、今、新しい地域開発のあり方が必要です。成熟期を迎えた日本人は富の追求から豊かさの醸成へとシフトすべきであり、そのためには政府主導でない、地に足のついた「主体的な地域開発」が欠かせません。
　私たちの考える地域開発は人と人との関係係数を主たるKPIとし、地域において豊かな社会関係資本を構築することを目的としています。なぜなら、我が国の課題の中核にあるのは「孤独と孤立」であり、それが私たちの幸福と健康の毀損に最も影響を与えているからです。

　これから日本人は自分が住む場所をきちんと選んだほうがよいでしょう。今住んでいる場所や実家に限らず、「好きな場所」を自ら選ぶべきです。

　好きな場所とは、一言でいえば自分にとって「裸足で歩く」のが嫌でない場所です。これは相手との相性を「身体に触られて嫌かどうか」で判断するのと同じ発想です。好きな場所に住めば土地に誇りを持つことができ、生活

も豊かになり、心も落ち着くのです。

　好きな場所を見つけるには？

　まずその土地について知るべきでしょう。各々の土地の歴史を16000年前から調べてみましょう。歴史を知り、その土地の記憶や固有性（バーナキュラー）を見つけるとその土地を好きになれます。これが本当の地方創生につながるのです。

　こういった未来を見据え、私たちは新しい地域開発のあり方を都市部のプロフェッショナルや地域のリーダー、行政や議員、銀行などのステークホルダーに提示し、その伴走を行っています。本書を通じて、各地域の志ある人たちと出会い、未来へのプロジェクトへ共に主体的に関わりあえることを望んでいます。

地域開発の五戒

CHAPTER 1

100年後の暮らしをつくるために必要なこと

　皆さんが暮らしたり関わったりしている地域での自分と次の世代の暮らしに思いを馳せてみよう。100年後に残したい地域の姿とはどのようなものだろうか。地域に根ざして事業を行っているなら、自身の会社のみを存続させるだけでは、100年後の地域において事業は続いてはいないかもしれない。そもそも地域は経済圏自体が小さいため、その維持や拡大なくして自社の成長は見込めない。地域全体の価値に着目し、向上させていくことが、自社の事業の安定的な維持継続につながるのだ。地域の人々向けの事業をしているなら、商圏に十分な数の人が暮らしており、消費するだけの余力が必要だろう。B to Bの事業をしていても、雇用するのは地域の人々であり民度の高い人々は必要不可欠である。

地域全体の価値を向上させよう

　近年、東京以外の地域にもカフェやパン屋といった魅力的なコンテンツが増えている。しかし、これらは地域における魅力的な要素の一つであって、地域全体の価値向上には至っていないのが現状だ。では、地域全体の価値を向上するにはどうしたらいいのか。第1章では、私たちが「これだけは意識しておきたい」と考える5つのポイントを紹介する。

　これら5つの要素はつながっている。つまり、地域外の愛着を持つ人たちの家や車・畑を用意し「住民権」を認め、まちづくりのプロセスを開示しながら、地域の中で「世界標準・日本唯一」の何かを見つけ出し、そのコンセプトに沿った形で、地域のロジスティクスを整備し、新しい技術を用いながら関係を最適化し、人不足を補うインフラへと変えていくのである。

地域開発の五戒

● 地域開発において重要なのは、以下の5つである。

1. なんでもある町でなく、〇〇がある町を目指せ
〜たった一つの価値を追求し、世界標準となれ〜

2. 完成品を与えるのでなく、つくるプロセスを開放して巻き込め
〜プロセスエコノミーの時代〜

3. 地域人口を増やすのでなく、地域"関係"人口を増やせ
〜移住者よりも第二市民〜

4. 地域内でなく、地域へのアクセスを開発せよ
〜ロジスティクスが最も重要〜

5. 新しいインフラは新しい技術を使え
〜AI、ロボティクス、ブロックチェーンなどテクノロジーを使い倒す〜

出所：ブルー・マーリン・パートナーズが独自に作成

1. たった一つの「世界標準・日本唯一」を売り出そう

　第一に、たった一つの価値を追求し、世界標準となることが必要だ。地域全体の価値を向上させるには、おしゃれなカフェや雰囲気のある古民家、空き家の再生のような「あったらいい」と感じるものだけでは不十分である。地域では「世界標準・日本唯一」のものを売り出さない限り地域全体を養えるほどに稼ぐことはできない。地域の独自性を活かした産業をつくり、駅前にもたった一つの価値をもとにつくられたシンボルを掲げるのだ。

「車椅子でも登山ができる」という価値

　神奈川県秦野市を例に考えてみよう。秦野市は表丹沢と呼ばれる丹沢山系に位置し、豊かな自然を残しながらも首都圏からアクセスしやすいため、毎年多くの登山客が訪れる。そんな秦野市の名士と地域の未来について語り合う際、私たちが主題とするのは「秦野市における世界標準・日本唯一は何か」の一点である。秦野市に何か一つ提案をするとしたら、登山コースのバリアフリー化、つまり車椅子でも登れる山をつくることだ。駅前から登山口までロープウェイを引き、山頂までゆるやかなスロープとエレベーターを設置する。実際、フィンランドでは国民に認識され尊重される「自然享受権」に基づき、国立公園のバリアフリー対策が進んでいるのに対し、日本の国立公園では、屋外施設へのアクセス不足、車椅子利用者や視覚障害者への配慮の欠如、ユニバーサルデザインの不十分な実施、周辺施設や交通手段の対応不足など、多くの課題が存在している。これらの課題をより最適な形で解決することで、ありふれた登山コースを世界に誇る唯一無二の価値ある場所へと変えることができるだろう。

地域開発の五戒 - 1. 世界標準・日本唯一へ

- "地域"はたった一つの価値を世界標準として売り出さなければ、稼ぐことが出来ない。
- 地域の独自性を活かしたエッジの効いたプロダクトにする必要がある。

「世界標準・日本唯一」

今治市のタオル産業

- 今治タオル
- 不純物の少ない地下水・伏流水を使うことで柔らかい高級感のあるタオルの製造に成功
- 全国タオル・ケット生産量において今治地域のシェアは約60%へ（2022年）
- 硬いタオルが多い海外でも人気商品となった

フィレンツェの皮革産業

- GUCCI
- 伝統的なバケッタ製法とギルド組織による機密管理で高品質の皮革製品を製造する
- 世界的な高級ブランドを築き、時価総額は約9兆円である

NRW州(ドイツ)の魚用餌業

- Tetra
- 冬に寒くなる気候から人口餌の需要が高まり地域の大学で研究される
- 魚用餌業界で世界トップシェア60%を占める
  ※NRW州
  （ノルトライン＝ヴェストファーレン州）

出典：pbr10021の「ウィーンのグッチ ショップ」はCC BY 2.0の下でライセンスされている。

フィンランドのように日本の各地域でも登山口にエレベーターをつくるべきだ、と言っているのではない。地域の固有性に合わせて開発を進めるべきである。だが、行政は横並びの特性のために、ほかの町でも取り組んでいることをやりたがる。そうではなく、私たちがすべきことは「世界標準・日本唯一」に基づく、たった一つのシンボルをつくることなのだ。

ブランドを確立した「今治タオル」（今治市）

　地域の独自性を活かし、「世界標準・日本唯一」の産業をつくるには、高品質の商品をつくるだけではなく、地域の特性やそこに暮らす人々、そして、時代の流れなどを有機的につなげてブランディングをすることが重要である。例えば、愛媛県今治市の「今治タオル」はその典型である。このタオルブランドは、今治タオル工業組合の独自の体制下でブランド管理が徹底されており、小売店だけでなく問屋を通じて手に入る製品もすべて今治タオルブランド商品品質基準に合格している。その結果、高品質な製品が多くの人の手に届き、産地としての評価とブランドの知名度を大きく向上させることに成功した。その成功がどのような過程でなされたのかを見てみよう。

　今治のタオルづくりとその品質を支えているのは、美しく豊穣な水資源である。今治市は瀬戸内海沿岸部に位置し、平野部だけでなく山間部や本州の広島県尾道市とつながる瀬戸内しまなみ海道があるなど、変化に富んだ地形が特徴だ。今治タオルの産地には、蒼社川の伏流水や霊峰石鎚山より流れ出た地下水など、極めて重金属が少なく硬度成分も低い、晒しや染めに適した良質の水が豊富にある。良質な軟水は綿の柔らかさを引き出すため、今治タオルの繊細かつ柔らかな風合いを表現するのに欠かせない。さらに、貿易しやすい港町という好立地に恵まれたことで発展し、大阪府の泉州エリアと並ぶタオル産地となった。

品質の高い今治タオルだったが、全盛を迎えたバブル期以降、その生産量、生産額ともに縮小傾向にあった。原因として、新興国からの安価な輸入製品の流入と、OEM生産の委託先がコストの安い海外工場に移転したこと、国内需要が減退したことが挙げられる。四国タオル工業組合（現：今治タオル工業組合）は、デフレの進行など経済が悪化するなか、どうやって今治タオルの知名度を上げるべきか考え抜いた。そして、今治タオル工業組合、今治商工会議所、今治市は三位一体となり、2006年に事業として今治タオルの再生プロジェクトをスタートさせた。世界に通用するメイド・イン・ジャパンのコンテンツを支援しようという国の施策として、中小企業庁、日本商工会議所、全国商工会連合会が共同運営体制で進めた「JAPANブランド育成支援事業」に応募し、2006年度における対象事業の一つとして採択された。本事業では、日本を代表するクリエイティブ・ディレクターの佐藤可士和氏監修のもとブランドロゴマーク策定、独自の品質基準の設定、新商品開発と見本市への出展、タオルソムリエ資格の創設、タオルマイスター制度の導入と新しい技能評価検定制度の創設という5つの事業を中心に展開された。

　このブランディング戦略においてキーとなったのは「安心・安全・高品質」という今治タオルの本質的価値を追求し、その価値を丁寧に伝えたことである。佐藤可士和氏は著書『今治タオル 奇跡の復活 起死回生のブランド戦略』にて、「今治というタオル産地が復活することは、『日本の地域再生』という大きなテーマに対する成功事例になり得る。」と述べている（佐藤可士和／四国タオル工業組合『今治タオル　奇跡の復活　起死回生のブランド戦略 (Japanese Edition)』朝日新聞出版. 2014年. p19)。そして独自の品質基準を満たしたタオルにだけ付けられる認定マークとして、今治の美しい自然をモチーフとしたロゴマークをつくった。白は「空に浮かぶ雲」と「タオルのやさしさ・清潔感」、青は「波光煌く海」と「豊かな水」、赤は「昇りゆく太陽」と「産地の活力」を表す。本質的価値を高めるというブランディング戦略と、

それに応えたメーカー各社の強い意志、そして関係者全員のたゆまぬ努力がプロジェクトを成功に導いた。

このようなブランド構築を通して、「imabari towel Japan」という赤と青のブランドロゴのついた高品質なタオルを、より多くの消費者に届けることに成功した。こうした本プロジェクトの展開により、今治タオルの知名度の向上という目的は達成された。当時の調査結果より、2004年時点で今治タオル産地を明確に認識している人の割合は36.6%であったが、2019年にはその割合が74%に上昇していることが分かっている。そして、2022年には全国タオル・ケット生産量において今治地域における生産量のシェアが約60%

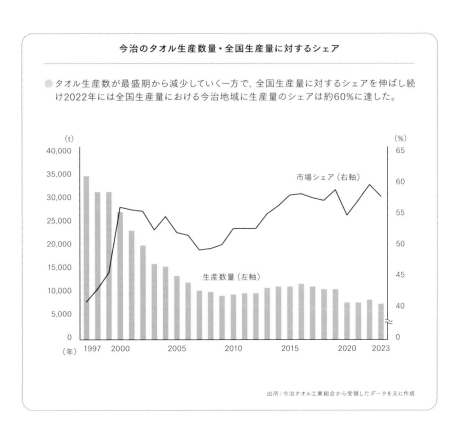

今治のタオル生産数量・全国生産量に対するシェア

● タオル生産数が最盛期から減少していく一方で、全国生産量に対するシェアを伸ばし続け2022年には全国生産量における今治地域に生産量のシェアは約60%に達した。

出所：今治タオル工業組合から受領したデータを元に作成

に達した（今治タオル工業組合 タオルデータ「企業数、織機台数、革新織機台数、従業員数、綿糸引渡数量、生産量、輸出・輸入数量の推移」https://itia.or.jp/file/toweldata03.pdf より引用）。

　日本の各地域ではハイブランドの「素材に採用された」「受託製造（OEM）をしている」ことが成功例として扱われやすい。しかし、受託製造や素材提供では、地域の価値を高めることはできない。それだけでは、地域全体を支えられる産業にはなり得ないのである。ものづくり産業が存続する日本において、今治タオルは、今治市を国内外から認知されるタオルの名産地とし、地域を支える産業を確立させることのできた稀有な例である。

　特産品、観光名所など素晴らしいものを持つ地域はたくさんあっても、それらを有機的につなげてブランディングすることで価値を創造し、さらに人に伝えることができる地域はどのくらいあるのだろうか。コンテンツの消費ではなく価値を伝える地域づくりをしていく必要があるだろう。

地域の独自性を活かし、価格交渉力を高めよう

　世界標準・日本唯一のプロダクトを直接消費者に届けることの重要性は、かつての日本では理解され、体現されていた。例えば、京都の西陣織は、その地域特有の複雑で緻密な生産体系を通じて世界標準を維持している。この地域では、織元や産地問屋をはじめとする関連企業が集積し、全国市場の動向を踏まえたデザインの企画から色の決定、製品の出荷に至るまでの一連のプロセスが行われている。地域内で構築されたこのような構造により、その地域内での価格交渉力を高め、関与する人を増やすことができている。地域の独自性を活かし、高品質な製品を効率的に市場に供給するモデルを築くことができたからこそ、フランス・リヨンやイタリア・ミラノをもしのぐ、世界的な高級絹織物産地として知られるようになったのだ。

地域が「世界標準」の価値を売り出している例は、ほかにもある。例えばフィレンツェでは皮革産業が有名だが、その中でも特筆すべきはGUCCIだろう。GUCCIはイギリスの鞄とその修理を行う店舗から始まり、創業期と再生期の双方において、高品質の製品に加え、直営店を中心に販売するなど流通チャネルを絞り、適正価格で提供する戦略を取ることでブランドを確立した。ドイツのNRW（ノルトライン゠ヴェストファーレン）州から発祥したTetraは魚用餌業界において世界トップのシェアを誇る企業である。この地域特有の寒冷な気候が人工餌の需要を高める要因となり、その成功は「世界標準」の価値を地域から売り出す好例となっている。

　これらの事例は、地域の特性を活かし、世界市場での競争力を築くことの重要性を物語っている。

2．プロセスを開放しよう

　地域とは継続的につくるものであって、終わりがない。だからこそ「過程」が重要になる。商品やサービスの完成品を提供するのではなく、まちづくりのプロセス自体を開放して収益につなげよう。特におすすめしたいのは、まちづくりをゲーム化して、参加者が楽しめるよう工夫することだ。人々の想いや努力、試行錯誤の過程という本来であれば当事者以外は触れることのできない情報を開示し、市民やファンを巻き込んで地域開発を進めるのである。

モノからコト、そして「ピア」へ

　これまでは、車にしても、映画にしても、「完成品」を売るのが主流だった。しかし、今はプロセス（過程）から収益を得るプロセスエコノミーの時代である。
　プロセスエコノミーとは、開発過程を見せる経済モデルだ。代表的な例として、インターネットを使って不特定多数の人々から資金を調達するクラウドファンディングが挙げられる。支援者は完成品を楽しむだけでなく、構想段階から創造経過も含めて価値を共有できるのが特徴だ。一方、起案者は制作段階でマネタイズができるほか、制作過程を開示することで共感を得られやすくなるなど、予算を確保しながらマーケティングに活用できるメリットがある。
　このプロセスエコノミーの発想を地域開発に当てはめるとどうなるか。
　発信して「ファン」をつくるという観点で最も分かりやすい事例は、日本テレビ系列のバラエティ番組「ザ！鉄腕！DASH!!」の人気企画、「DASH村」であろう。また、古民家の再生やワイン醸造所などの建設を目的として、ク

ラウドファンディングを通して資金を集めているのをよく見かけるだろう。そして彼らは頻繁にプロジェクトの状況を発信し、見守る者たちからより手厚い応援を受けることを目指す。企画者と参加者は「こんな〇〇にしたい」というビジョンを共有し、企画者がそのビジョンの実現を目指して農業に取り組んだり、荒地を耕して家屋を建築したりする姿を課金して楽しむ。

参加者から集めたお金の使い道については、必ずしも逐一意見を聞いて合意する必要はない。参加者にとっては「リアルなまちづくりをエンターテインメントとして楽しめる」ことに価値があるからだ。人がお金を払う対象は、モノからコト、そしてピア（つながり）へとシフトしているのである。

地域開発の五戒−2. プロセスエコノミーを利用せよ

- 地域は継続的につくるものであり、終わりがないため、「過程」が重要である。
- 地域開発には、裏側にある人の想いや努力、試行錯誤の過程を開示することで市民やファンを巻き込みながら開発を進める「プロセスエコノミー的発想」が求められる。
- 例としてクラウドファンディングなどが挙げられる。

アウトプットエコノミー

生産者 →提供→ 成果物 ←体験← 消費者
　　　　←支払い←

プロセスエコノミー

成果物（全員が支払いプロセスを共有）

出所：ブルー・マーリン・パートナーズが独自に作成

島の存亡をかけたまちづくり（海士町）

　まちづくりのプロセスを開放した例として、島根半島の沖合に浮かぶ離島、隠岐諸島の一つである海士町（あまちょう）の取り組みを紹介したい。海士町は、地域資源に恵まれながらも、若年層の流出と財政難により一時は存続の危機に瀕していた町である。ところが、島外への情報開示を行いながら住民主導のまちづくりを継続した結果、現在では人口減少を最小限にとどめ、将来的には人口増加を見込んでいる。

　2009年、住民と行政、地域の企業が共同で「第四次海士町総合振興計画」を制定した。これは島の「今後10年の未来を見据えた計画」であり、計画の策定・運用に住民が主体的に関わることを重視したものだ。素案の作成段階から、有志の町民と役場の若手職員を中心としたおよそ50名による「海士町の未来をつくる会」を結成し協議を重ねた。

　人口が減少し、産業も廃れていく中で、海士町では島外から人を呼び込むためにさまざまな施策に取り組んできた。例えば、島前3島（西ノ島町・海士町・知夫村）で唯一の高校を残すための「島前高校魅力化プロジェクト」。寮費や食費を町が補助する「島留学」の制度を設けることで、豊かな自然のもと、少人数ならではの手厚い指導を希望する生徒を全国から募集した。ほかにも、離島の慢性的な人手不足を補いつつ島での生活を体験してもらう「離島ワーホリ」や、都心にいながら海士町の食材を楽しめる「離島キッチン」など、住民主導で考えられたさまざまな施策がある。

　こうした施策の甲斐あって、海士町の人口減少は最小限にとどまっている。国勢調査によれば、2010年に2,374人であったのに対し、その5年後の2015年は2,353人と、21名の減少におさまっている。その前の5年間、2005年から2010年にかけては207人減少していることを踏まえると、この計画は成功したといえるだろう。

長期的に応援してくれるファンを獲得しよう

　プロセスを開示することのメリットは、早期収益化の実現およびファン層の開拓にある。アウトプットを重視すれば、収益化はどうしても完成してからとなり、予算投下から回収までの期間は長くなる。一方、プロセスを開示すればお金を払ってもらいながら地域開発に参加してもらうことができ、回収を早期化できる。

　また、プロセスに興味・関心を抱く人々とは、長期的な関係を築くことができる。彼らは必ずしもアウトプットの精度に期待しているわけではない。その土地や人を大切に思い、その場所で進められる挑戦を応援し、参加することに関心を持っている。そのため、例えば開発に遅れが生じた場合などでも根強く応援してもらえる可能性が高く、拠点のリノベーションなどに参加してもらうことで愛着が高まり、サービスの完成後は一番のリピート顧客になってくれるだろう。顧客とこのような関係を構築しておくことで、流行やアウトプットの質に左右されづらい経済基盤をつくることができる。

　開発段階から市民やファンを巻き込むことで、資金面での安定だけでなく、長期的に関与してもらえる顧客の確保も達成できるということだ。

3. 地域"関係"人口を増やそう

　これまで「人口」といえば、その地域に住民票がある人たちだけを指していた。しかし、「100年後の暮らしをつくる地域開発」では、年に数日間だけ、農作物をオンラインで購入するだけといった多様な「関係人口」を増やす取り組みが必要だ。ターゲット層は、避暑地を求めるファミリー層、あるいは外国人観光客などが想定できる。

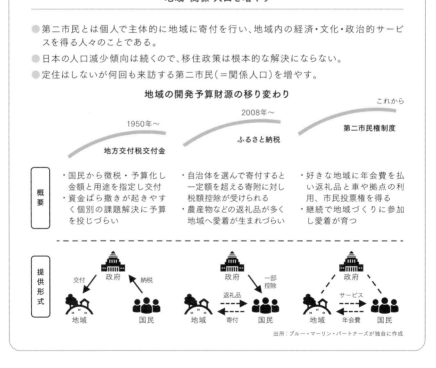

移住者増加を狙うべきではない

　もしあなたが山林の土地や空き家を持っているとしたら、どのような関係人口を見込めるだろうか。例えば、首都圏との二拠点生活を希望する人に向けて、住居や車、畑などを提供するサブスクリプション型のサービスを提供するのもいいだろう。あなたの地域がある特定の災害に強いエリアであるならば、津波や地震、火山の噴火など災害が起きた際に避難し生活や仕事を維持することができるバックアップ拠点として、保険の要素を含めたプランをつくることができるかもしれない。いずれにしても、できるだけ多くの人に関わりを持ってもらうことが大切である。

　政府は移住者を増やそうとしているが、そもそも日本全体で人口が減少しているこの時代に、多くの地域で移住者が増えるとは考え難い。であれば、月に一度、もしくは年に数回だけでも定期的に足を運んでもらう人口を増やす方が、定住を強いるよりもよほど現実的ではないだろうか。

徴税の新しいあり方「第二市民制度」

　「ふるさと納税」の次のステップとして、私たちは「第二市民制度」を提案する。個人が複数の地域の住民権を取得する制度である。一つは都市圏に、もう一つは大都市圏以外の地域で持つことを義務化し、両方の地域に税を納める。そうすることで、各地域との関係が乗数的に増え、イノベーションが促進されるとともに、移動によって消費も増えるはずだ。この場合における「第二市民制度」とは、個人が地域に共同体を維持するための対価や労力を提供しながら、地域内に住み、仕事をして、地域のお祭りや見守りなどのケアを受けることを指す。

　「第二市民制度」は、地域への主体的な参加を呼び込む有効な手段であり、

これからの日本の徴税のあり方として十分に考えられる。1950年からの地域の状況を振り返ってみると、その重要性が分かるだろう。

1950年から、地域内での税減の窮迫を背景に、国民から徴収した税金を使って地方自治体の財政格差を調整するための交付金制度が整えられ、地方交付税交付金として1954年から各地に交付されるようになった。これにより、地域では箱ものと呼ばれる巨大な公共施設の建設やインフラの整備が行われたが、適切な地域やプロジェクトまで行き渡らないという問題があった。単なる資金のばら撒きになってしまったわけだ。

そこで当時の福井県知事であった西川一誠さんからの問題提起をきっかけにふるさとへ寄付する制度が発案され、2008年の第一次安倍政権で総務大臣として初入閣した菅義偉氏が創設した「ふるさと納税」へと移り変わる。自治体が自らPRし、返礼品を用意することで、寄付金を獲得する形式へとシフトしたのである。ふるさと納税制度には、「納税者の選択」「ふるさとの大切さ」「自治意識の進化」という3つの大きな意義があるとされている。納税者が主体的にその使い道を選択できることで税に対する考えを深めることができ、その大切さを自分ごととして捉えることができる貴重な機会となっている。

しかし一方で、ふるさと納税で資金を集められる自治体とそうでない自治体との格差が生じてきた。過度な返礼品や、地場産品とは無関係の返礼品が制度の趣旨にそぐわないとして問題になり、現在では規制が強化されている。

こうした流れを踏まえ、今後の地域の財源として考えられるのが「第二市民制度」である。地域外の市民も、予算編成や条例などに関する投票権を持ち、地域内交通の優待利用などを受けられるようにするのだ。第二市民が該当地域を訪問し、一定期間滞在することを前提に構築することで、地域に対する主体的な参加が増加する可能性がある。

4. 地域へのアクセスを開発しよう

　地域開発と聞くと、駅前や商店街の再開発、あるいは小売店や病院などの生活に必要な施設やサービスの充実をイメージするかもしれない。こうした取り組みは目を引くが、本書で私たちが提唱する「100年後の暮らしをつくる地域開発」では、こうしたコンテンツの充実よりも大事なことがある。それは地域内を開発するだけでなく、「地域への行きやすさ」を開発することである。交通の便がいかに重要かは、「孫子の兵法」をはじめとする戦略論

地域開発の五戒－4. ロジスティクスが全て
－地域へのアクセスの開発－

● 地域開発では第一に、人がその地域に足を運ぶことができるよう良好なアクセスを確保することが重要である。

参考事例：茨城空港～東京駅間 500円高速バス

・県からの補助金により茨城空港－東京駅間を500円で移動できるようになった（2010年の茨城空港開港から2020年まで実施されていた制度）
・新型コロナ前まで利用者が順調に増加し続け、年間約10万人までに

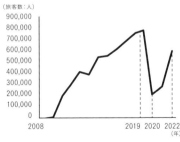

茨城空港における旅客数の推移

出所：ブルー・マーリン・パートナーズが独自に作成

を学んだ人はよく知っている。映画の合戦シーンを観て、前線で戦う俳優の姿に目を奪われる人も多いかもしれないが、実際の戦争において勝敗を決するのは実はもっと地味な部分であり、特に重要なのはロジスティクス、つまり兵士・武器そして兵糧の運び方である。

交通手段によって顧客層が定義される

　地域開発において重要なのは、コンテンツよりもロジスティクスである。たとえ魅力的なコンテンツがあったとしても、移動にかかる時間や費用が見合わなければ、人は行動しない。要するに「地域に訪問する際の時間的・金銭的なコストが適正」であり、かつ「確実にアクセスできる」ことが重要なのだ。

　これは歴史を見ても明らかである。中国では黄河と大運河の結節点に位置する開封が栄え、日本においては江戸時代に五街道を中心として発展した。交通の要衝だった場所が、世界の主要都市として発展してきたのである。

　もしあなたの地域が観光地ならば、週にたった1本、都心からの往復・直通便を出すだけでも大きな変化があるだろう。例えば、群馬県の四万温泉には、東京駅から直通の「四万温泉号」というバスが通っている。実際、この往復バスのおかげで四万温泉には観光客が絶えない。バスを1便運行する程度なら、それほどコストはかからない。かかるコストに対して、得られるものは大きい。

　一つ注意すべきことがあるとすれば、顧客層の設定である。地域外からどのような人に来てもらいたいのか。そのためには、どの交通手段を強化すべきか。両者は密接に結びついており、強化する交通手段によって、訪れる顧客層がある程度定義されるからだ。

　高速バスや格安航空のアクセスを改善した場合、見込まれる客層は体力が

あってお金がない若者世代である。一方、ヘリポートやマリーナを整備し、ヘリコプターや船の定期便を運行すれば、世界の富裕層が多く訪れるだろう。交通手段によって導入コストや整備期間が異なるため、先にバスを整備し、後からヘリポートを設置するなど、段階的な導入も検討の余地はある。いずれにしても、「関係人口をどのような割合とするのか？」「そのためにはどんな顧客層のアクセスを改善すべきか？」は最初に検討しておきたい論点である。

空港と東京駅を結ぶ500円高速バス（茨城県）

　中でも、海外からの訪問者を受け入れることができる空港は特に重要だ。地方空港のターゲットを絞った国際化は必要不可欠であり、空港から近隣主要都市へのバスもまた重要である。

　例えば、茨城空港では、県の補助金により空港と東京駅を500円で移動できるようになった（2010年5月から2020年4月まで実施）。茨城空港の航空便利用者に限り、同区間の高速バスの運賃を片道500円にするというもので、これにより新型コロナウイルス感染症流行前までに利用者が順調に増加。2019年は開港以来過去最高となる82万人に達した。このように、地方空港であっても近隣の主要都市へのアクセスを改善すれば利用者を増やすことができる。そこから地域内の観光産業の活性化にもつなげることができるだろう。

5. 新しい技術を使おう

　地域開発に必要な新しいインフラには新しい技術を使おう。私たちが考える三種の神器は、AI、ロボティクス、ブロックチェーンだ。個人認証を可能にするAIは、決済方法としてだけでなくさまざまな場面で活用できる。ロボティクスという言葉が仰々しく聞こえるなら、IoT（モノのインターネット）をイメージしてほしい。これからますます減っていく労働力を代替することが可能な技術だ。地域において、老朽化したインフラを維持するのは容

地域開発の五戒 - 5. 新技術を使え

● 地域開発のためには、AI・ブロックチェーン・ロボティクスなどの新技術をベースに、新しいインフラをつくる必要がある。

約2,636億円(2030年/国内)*
自動運転システム
・自動運転
・バス

約9,340億円(2028年/国内)*
ドローン
・農薬散布
・宅配

約810億円(2030年/国内)*
スマートグリッド
・ICT,IoTを用いた課題解決
・再生可能エネルギー

約1.3兆円(2030年/国内)*
スマートハウス

約7,250億円(2025年/国内)*
ブロックチェーン
・デジタル地域通貨
・トークン発行

約1.1兆円(2027年)*
AIシステム
・大規模言語モデル
・生成系AI

約2.3兆円(2035年/国内)*
クリーンエネルギー
・バイオマス発電
・地熱発電

出所：市場規模について、下記のデータ元より推計を利用
自動運転　株式会社富士キメラ総研発表「車載電装デバイス＆コンポーネンツ総調査 2020（上巻）システム／デバイス編」
ドローン　株式会社インプレス発表「ドローンビジネス調査報告書2023」
スマートグリッド　株式会社矢野経済研究所発表「国内スマートシティ市場、スマートシティにおけるエネルギーマネジメントに関する調査 2022」
ブロックチェーン　株式会社矢野経済研究所発表「ブロックチェーン活用サービス市場に関する調査」2022年2月
グリーンエネルギー　株式会社富士経済発表「電力・ガス／グリーンエネルギー市場・企業戦略総調査2023」
AIシステム　IDC Japan 株式会社発表「国内AIシステム市場予測、2023年～2027年」2023年4月
スマートハウス　株式会社シードプランニング発表「2022年版スマートホーム市場の動向と展望」

易ではない。しかし、先端技術を使えば効率的に、かつ今の人口動態に合った必要十分な機能を保てるかもしれないのだ。

新しいインフラには新しい技術を

　100年後の暮らしをつくる地域開発には、新技術をベースにした新しいインフラが必要である。日本全体の人口が減少しており、これからは少人数で自治機能を維持していかなければならない。予算も、労働力も、より一層効率的に活用して自治体運営を行う必要がある。

　既存のインフラをそのまま利用すると、かえって割高になりかねない。そこで検討すべき技術としては、スマートハウスや自動運転、ドローン、スマートグリッド、ブロックチェーン、クリーンエネルギーなどがある。私たちが地域開発事業で関わってきた地域においては、特にエネルギー領域に焦点を当てて新技術を導入する自治体が多かった。

　天然ガスの枯渇や原子力発電所の再稼働の問題を背景に、電気料金が値上がりを続けている。電気料金の５割以上を占めているのが送電料である。地域で発電し、地域で消費すれば、電力料金を引き下げてロスをなくすことができるのだ。また、域内で生産された電力を使うことで、域外への外貨流出を避けることができる。

民間企業と協業し、次世代型インフラを目指す（小布施町）

　近年、電気の地産地消を目的とした地域密着型の電力会社を立ち上げる動きが盛んだ。ここからさらに地域全体で電気や発電時の熱活用を効率化する「スマートグリッド」に踏み込み、生産されたエネルギーの最適消費に取り組んでいる地域もある。

長野県北部に位置する小布施町は、1970年代以降に行われた官民協働による第1ステージのまちづくりの推進により、「まちづくりの先進地」として全国にその名が知られている。そんな小布施町では、地元のケーブルテレビ局である株式会社Goolightと、自然エネルギー発電事業を展開する自然電力株式会社とともに「次世代型インフラの実現に向けた包括連携協定」を2020年9月に締結した。

　この包括連携協定の目的は大きく分けて2つある。まず、電気・水道・通信などの各領域を個別に検討するのではなく、領域横断での包括連携協定とすることで、整備費用の適正配分と施策間の相乗効果の最大化を図ること。そして、電気・水道・通信などの各領域に知見と技術を持つ民間企業と協業することにより、小布施町が同年1月に打ち出していた「第六次総合計画」の目標を実現可能な行動計画に落とし込むことである。

　協業内容としては、電気・水道・通信の各分野において、環境に配慮した自律分散型次世代インフラを検討するという。具体的には、町有施設における太陽光・電気自動車の充電実証実験や、デジタル施策を可能とする基礎となる地域広帯域移動無線アクセス（地域BWA）の整備、ローカル5Gを活用した実証実験、災害時にも機能不全になりにくい水道インフラなどだ。このように、少子高齢化が進行し、自然災害のリスクが増大する時代に即した、新しい技術基盤に基づくインフラを整備するということは、あらゆる要素を含んでいる。仮説検証を繰り返しながら、地域に即した内容に最適化していくことが求められる。

　このほか、新技術の活用として注目されているものに「地域通貨」がある。詳しくは第2章（p.163）をご覧いただきたい。

第 1 章　地域開発の五戒

> **まとめ**
>
> 地域開発の方針を定める際に意識するべきポイントは5つある。
> ① 地域において世界標準・日本唯一に焦点を当て、産業をつくること。
> ② まちづくりのプロセスを開放すること。その過程で消費者を巻き込み、参加すること自体を価値として提供しよう。
> ③ "関係"人口を増やすこと。定住ではなく月の半分や年1回など、段階に応じて継続して関与できる人たちを増やそう。
> ④ 地域へのアクセスを開発すること。集めたい人や物資に合わせて交通手段を選び、整備しよう。
> ⑤ 新しい技術を使うこと。電気やガスが枯渇し料金が上がっていく中、さらなる省コスト化が必要不可欠。資源の最適分配のための仕組みを導入しよう。

COLUMN

これからの佐賀県の戦略

山口揚平

　もし今、何を学ぶべきかと聞かれたら、「地政学、知覚学（意識学）、素粒子物理学の３つ」と答える。地政学は今世紀において特に大事な研究分野である。結局のところ、土地の制約とその利点を活かすことが地域開発の戦略の基本となるからだ。勘違いされやすいのだが、戦略とは戦いを「省く」ことである。戦って勝つための術は戦略ではなく戦術であり、戦わずして益を成すことが基本的な生き方というものだ。従って、地域開発の要点は地政学、つまり土地の理解から始まる。決して名産品のPRではない。この点を踏まえ、私たちが考えるこれからの佐賀県の「戦略」を紹介したい。

●**佐賀はどのような土地か？**
　佐賀の土地の記憶を掘り起こすならば、要点は以下の３つである。

1. 吉野ヶ里に代表される弥生時代と邪馬台国
2. 有田・伊万里・唐津に代表される戦国陶磁器時代
3. 長崎とともに列強の防波堤となり、日本最強のアームストロング砲や船舶技術を持った維新前夜

　この３つの歴史は、それぞれ中国、朝鮮、欧米との摩擦やそこから生まれた新たなイノベーションをもとにしている。イノベーションは、中央（霞ヶ関）からは起こらない。必ず現実と触れ合っている周辺の摩擦から起こるのだ。

地政学的見地から見た今後の佐賀の戦略は、山間から有明海につながる筑前の肥沃な土地への生活環境の拡大、対馬半島から韓国へとつなぐ高速鉄道の整備、佐賀空港の国際化推進による欧州各国とのアクセスである。コンテンツでなく、ロジスティクスが勝敗を決める。

なぜ弥生文化が佐賀で生まれたのか？ なぜ陶磁器が盛んになったのか？ その歴史的背景を追えば、必ず理由がある。陶磁器ならば、背景には優良な土の発見、朝鮮半島からの窯業技術の流通と豊臣秀吉の朝鮮出兵による人口の集積がある。「へうげもの」の世界である。現在の佐賀の窯業は、技術と供給力はあるが後継者不足で衰退の一途をたどっている。足りないのはデザインセンスとグローバル流通システムである。

2010年4月に早稲田佐賀中学校・高校が開校したが、大学はない。大学を誘致するならデザインスクールである。例えばフィンランドのアールト大学やロンドンのセントラル・セント・マーチンズなどと早稲田大学との提携が好ましい。九州ではすでに大分県別府市にAPU（立命館アジア太平洋大学）があり、アジアからの留学生は足りている。必要なのはグローバルセンスを持った欧米の人材である。彼らと佐賀の歴史・産業・文化の化学反応が21世紀の佐賀の基本戦略となる。

COLUMN

地域開発の6つの要素

CHAPTER 2

地域開発とプロフェッショナルキャリア

　人口減少が加速度的に進行している今こそ、都心に住み、資本主義の世界で戦う人々は、自身の「帰る場所」を育て始める格好のタイミングである。週末や空き時間を使って地域に足を運び、自分が幸せを感じられるところを見つけたら、小さなことで構わないのでその地域に貢献することから始めよう。

　地域開発と一口に言っても、規模や手法はさまざまである。本書における地域開発とは「地理的な特性によって定義されたエリアにおける、地域の核となるコンセプトに従って経済・福祉・行政・教育を再構築すること」である。
　日本ではこうした地域開発を行政が担っている印象があるようだが、アメリカでは民間の草の根活動団体と、事業者そして行政が一体となって取り組んでいる。そのコーディネーター役は、「コミュニティ・オーガナイザー」という名前で一般化しつつある。コミュニティ・オーガナイザーとは、コミュニティの健全な発展のために、市民が主体となってさまざまなセクターと協業していく仕事、およびそのリーダーのことだ。エリア開発や人口分布、産業といった各要素が、現在どのような状態にあり、相互にどのような影響を与えているのかを分析しながら、コンセプトに沿って地域社会を「市民が一体となって」改善していくのである。日本ではまだなじみのない言葉かもしれないが、アメリカのバラク・オバマ元大統領は、大学卒業後にシカゴコミュニティ・オーガナイザーとして活動していたことを自伝の中で明らかにし、2008年の大統領選挙期間中には多くのメディアで取り上げられた。日本においても、市長や商工会議所の幹部、地元の名士として知られる経営者など推進力のあるリーダーが増えており、今後ますますコミュニティ・マネジメ

ントが地域にとって必要不可欠な要素の一つになるだろう。

　地方局のアナウンサーを務めた後、史上最年少の36歳で2010年に福岡市長に就任した高島宗一郎氏は、コミュニティ・マネジメントを実行している人物だ。福岡市は、2023年4月1日推計データによると人口増加率は東京を抜いて1位、地価上昇率が東京・大阪の約2倍、2021年度は政令指定都市の中で上昇率1位と、人口減少の影響を受けていない代表的な地方都市である。

　高島氏は「全員をよくする」のではなく「全体をよくする」ことを掲げ、福岡市の主要エリアを一気に生まれ変わらせる「天神ビッグバン」構想を2015年2月に発表。福岡空港や博多駅までのアクセスがよく、アジアの交流拠点都市をうたう福岡市だが、空港からの距離が近いため航空法による建物の高さ制限があった。「天神ビッグバン」ではこの航空法を「国家戦略特区」による特例によって緩和し、本計画が開始した2015年2月から2023年3月末までに天神ビッグバンエリア内における建築確認申請数は63棟となっている。都心部に新たな雇用を創出する一方で、税金のみで街を動かすのではなく規制緩和によって民間による開発を促進する手法が取り入れられている点が特徴だ。

都会のビジネスパーソンにできること

　都会に住む人が、地域に対してできる貢献とは何だろうか。一つ注意しておきたいのは、都会と地域とでは「価値」が反転することである。
　もしあなたが、Excelなどの表計算ソフトを使いこなせて、プレゼン資料の作成が得意だとしても、地域社会ではその価値を十分に認めてもらえないかもしれない。なぜなら、生活に直結していないからだ。地域で価値がある

のは、用水路の溝の掃除や，電球の取り替えだったりする。地域社会において必要なのは、共有財（コモンズ）の管理と価値向上である。具体的には、道路や山林、施設などを維持・管理し、日常の困りごとを助け合うことであり、地域の人々は地域の資産から生まれた恩恵を分け合って暮らしている。つまり、都会で働いている人が、その価値観のまま地域社会に入り込むとどうなるか。「何をしているか分からない」「考えてばかりで役に立たない」と見られてしまうのである。

　ビジネススキルが意味を持たないわけではない。むしろ、「100年後の暮らしをつくる地域開発」においては、都会のビジネスパーソンが持つ知見や視座は必要不可欠である。ただし、まずはコミュニティの一員となり、生活に根ざした貢献が求められる。

　それでは、都会のビジネスパーソンはどのような役割を担うべきであろうか。長年地域を支え、未来を憂える名士たちとともにグランドデザインを描き、プロジェクトを通じて市民の生活を豊かにしながら、地域を支える産業を創出することがその役割である。この際に、都会で培ったビジネススキルは十分に活用できる。

企業価値から地域価値へ

　地域価値創造に取り組むにあたり、都会で「構想する」「稼ぐ」ことに従事する人は、企業価値創造で培ったフレームワークを活用することで、比較的スムーズに貢献できると考える。ここでは「企業価値」と「地域価値」について説明したい。

企業価値を高めるには

　企業価値を高める事業創造には、6つのモジュールがある。その6つとは、コンセプト、プロダクト、組織、ファイナンス、顧客創造、利益方程式である。
　まず、事業構想などのコンセプトがあり、次にサービスや商品としてのプロダクトと組織があり、マーケティングと営業などによる顧客創造も必要だ。資金調達がなければ大規模な産業はつくれないため、ファイナンスも必要である。最後に利益方程式だ。売り上げがどの時期にどの程度入り、費用がどの程度かかるのか。そして利益はいつ・どの程度得られるのか、のように、キャッシュの出入りによって表現される。事業創造に従事する方々は、企業価値を高めるためにこれら6つのモジュールを常に意識してきたことだろう。

地域価値創造の構成要素

　それでは地域価値創造においてはどうだろうか。地域価値に関しては、事業創造における「コンセプト」に対応する「グランドデザイン」が重要である。次にビジネスモデルや予算繰りなどの「財源」、そして「市民価値創造」がある。市民価値創造とは、市民の生活の豊かさをつくることであり、こ

の定義や指標化、施策の立案が難しい。私たちは市民間の「関係」に着目し、定量化を試みている。「プロジェクト」とは、地域のグランドデザインを実装するための要素であり、それを実現していくのが「地域内ステークホルダー（5G）」である。最後に、経済性だけではなく関係性にも着目した「継続的成果（定量／定性）」がある。以上の6つの要素（グランドデザイン、財源、市民価値創造、プロジェクト、地域内ステークホルダー、継続的成果）により地域価値創造は成り立っている。

企業価値と地域価値の「共通点」

　企業価値と地域価値は、「分析」の後、「洞察・構想」を経て「実装」するという点が共通している。また、構成要素についても同じフレームワークによって表すことで整理される。

　企業価値創造においては、財務諸表などの現在の結果（WHAT）を分析し、それらの原因となるビジネス構造・価値の源泉（WHY）を突き止めた上で戦略策定を行うという手順を踏む。地域価値創造も同様に、産業や人口といった表面上の部分に加え、地質・地形・歴史・文化といった土地の記憶（WHAT）を総合的に分析した上で、その地域のコア（WHY）を見抜き、グランドデザインをつくり上げるというアプローチをとることが可能である。

　また、企業活動において欠かすことのできない「顧客」について、地域の場合は「市民」と置き換えることで、マーケティングやセールスといった企業価値創造で培ったさまざまな考え方を地域開発に当てはめて考えることもできる。

第 2 章　地域開発の6つの要素

企業価値から地域価値へ

- キャピタリズムにおける企業価値創造とシェアリズムにおける地域価値創造は、何もかもが違う。
- 目的は経済価値（間接的な幸せ）から非経済価値（直接的な幸せ）の創出となり、主体は組織から地域内ステークホルダーへと変わる。

企業価値創造

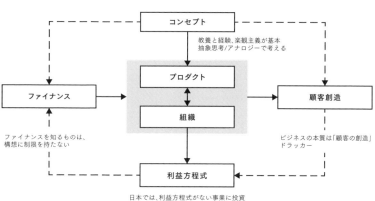

地域価値創造

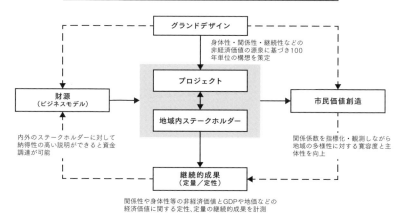

出所：ブルー・マーリン・パートナーズが独自に作成

047

企業価値と地域価値の「相違点」

　企業とは異なる点についても注意が必要である。第一に、グランドデザインは100年後の姿を見据えたものでなくてはならない。企業においては、「最終的には企業を売却すればいい」という考えでも実施できるが、地域には人々の生活があり、自身も簡単には逃げられない。そのため、グランドデザインは「100年後も掲げることができ、地域の方々が誇りを持てる内容なのか？」という問いに答えられるものでなくてはならない。

　また、先ほど「顧客」にたとえた「市民」は、地域において税金を払ったり消費活動を行うお客様であると同時に、共有資産を管理し、地域で事業を営んだりしながら、ともに地域をつくり、価値を発揮していく「構成員」でもある。企業は採用活動によって従業員を選択できるが、地域は移住する人を拒むことはできないため、市民は選べない。地域と企業の違いは、構成員の選択権の有無だ。そのため市民を面で捉え、負荷の偏りや、関与すれば全体が引き上がる層を特定し、施策を実行していくことが求められる。

　企業の場合は経済合理性だけであり、ROIC（投下資本利益率）がWACC（加重平均資本コスト）を上回っているかどうかというKPI（重要業績評価指標）が存在する。一方、地域では経済合理性に加え、関係づくりが重要である。独自にそのKPIを持たねばならない。

なぜ地域価値が重要なのか？

　そもそも地域価値とは、その地域が持つ経済的、文化的、社会的な価値を統合的に評価したものである。地域が保有する森林や不動産などの資産に加え、行われている活動によって生まれる経済的および非経済的な効果が含まれている。企業価値ほど算出方式が確定しているものではないが、

人口や地価、関係係数など、いくつかの先行指標によって価値を推測することができる。

　地域には多様な関係者がおり、企業と比べてその内情が複雑であるために、全体像を把握することが困難である。一方で、100年後まで続く地域をつくっていくためには、全体像を捉え、着手するべき要素に介入していく姿勢は必要不可欠だ。

　例えば、岡山県西粟倉村（にしあわくらそん）の「百年の森林（もり）構想」においては、構想を描き、全体感を持って取り組むことで地域全体の活性化が進んだ。この取り組みは、西粟倉村が森林の保全から商品化までを一元管理し、持続可能な森林経営と地域経済の活性化を目指すプロジェクトである。主要な施策として、個人所有の森林を村が10年間一括で管理する「長期施業管理協定」や「FSC認証森林の全村拡大」が実施され、「共有の森ファンド」を通じて外部資金を調達し、西粟倉の魅力を広める活動も行っている。その結果、多くの森林管理協定が締結され、間伐材の加工販売や新たな企業の立ち上げが進んでおり、地域外からの支援者も増えているという。このように、地域の特性に合わせて構想を描き、取り組みを行うことで、100年続く地域の基盤をつくることができるのだ。

　私たちは、これまで取り組んできた企業価値向上の手法を応用し、地域価値の要素を簡易化して6つと捉え、段階に応じて着手していく方式で実施している。第2章で述べているのは、各要素の定義と取るべきアクションについてである。その具体的な方法や個別の計画については、関連書籍や有識者の話を参考にしながら取り組んでいただきたい。

地域開発の6つの要素

　ビジネスパーソンとして企業価値の向上に従事してきた者は、地域開発の進展を支援することができると述べてきた。ここからは、地域開発の6つの要素それぞれについて、詳しく説明していきたい。

　1つ目にグランドデザインがある。グランドデザインとは、地域の価値の源泉であるコンセプトに基づき100年単位で実行していく計画を指す。市場、福祉、行政、教育など多岐にわたるため、その策定自体の難易度は高く、時間をかけて取り組む必要がある。まずは地域の地形や植生などの自然条件、歴史や産業などの社会条件を立体的に解析し、地域のコンセプトを明確にする。その後体制を構築し、実装、オペレーションへと段階が進んでいく。

　次に、グランドデザインを実行するにあたって巻き込むべき地域内のステークホルダーも重要だ。豪族（地域の中核企業）、行政機関、議員、ギルド（商工会）、銀行の5つの主要なステークホルダー（私たちは「5G」と呼んでいる）それぞれのインセンティブや時間軸、目的などを理解し、関わり方を調整していく。

　3つ目に、グランドデザインに基づき、ステークホルダーたちと取り組む「プロジェクト」がある。状況に応じてプロジェクトを組成し、実行する必要があるため、その参考となる20の施策集を共有する。

　4つ目は、市民価値創造である。具体的には、プロジェクトによって市民を理想の状態に近づけ、市民それぞれの豊かさが実現する支援をしていくことが必要だ。市民の理想状態は「健やかな関係」によって定義されると私たちは考えている。市民間の関係が相互扶助を促し、幸せと安心・安全がもたらされる。本パートでは、関係を指標化する「関係係数」についても取り上

げている。

　5つ目は、非経済価値、経済価値についての継続的成果である。これはグランドデザインの実現の道筋を示し、その達成度合いを評価する位置付けにあり、産業規模や地価、関係係数などの成果の要素と、その関連を可視化し、評価することが必要である。ここでは、経済価値としての地域産業と地価、国内外で重要性が高まっている「インパクト評価」という手法について紹介している。

　最後に、長期的な開発予算を確保するための財源（ビジネスモデル）がある。財源とは「説明できること」によってもたらされるため、どのように予算を投下し、価値を生み出し、どんな仕組みによって回収するのかを説明できる状態をつくることが必要である。そのため長期間財源となりうるビジネスモデルに焦点を当て、村民権方式、記帳経済、時間通貨、時間年金を紹介する。これらによって、地域内で止まる資本も増加し、開発途中であっても豊かな暮らしが担保される。

　このような6つの要素によって地域開発は行われている。要素ごとの優先順位や実施事項は、地域の状態や段階、読者の立ち位置によっても異なるが、全体像を理解し実施事項をブラッシュアップする際の参考にしてもらいたい。

グランドデザイン策定のための3つのステップ

2-1

地域開発に取り組みたいなら、自身が貢献し土着したい地域を決め「グランドデザイン」の策定から始めよう。この段階で、地域の主要な方々と信頼関係ができており、あなたに密かに託された事業や拠点、組織が

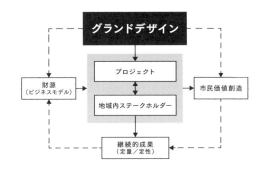

あるなら、最終的にはその実行計画を考えるところに落とし込んでもいいだろう。その際、すぐに実行計画に飛び付かず、地域を立体的に解析し、100年続く地域のコンセプトを明確にし、実行計画を立てるというプロセスを踏むことが必要不可欠である。地域のコンセプトとして、身体性・関係性などの非経済価値と、経済価値の源泉を見極めることで、地域の教育から医療、福祉や経済に至るまで一貫した開発のグランドデザインを定めることが可能となる。その結果、地域開発に継続性が生まれ、歴史の重みが重なることで誇りとなり、誇りが身体性と関係性をまた、産んでいくのだ。

実際に地域開発を行う場合、どのような順序で取り組めばいいのだろうか。3つのステップに沿って明らかにしていく。3つのステップとは、「地域を立体的に解析する」「コンセプトを明確にする」「実装とオペレーション」である。

第 2 章　地域開発の6つの要素

グランドデザイン策定のための3つのステップ

● 具体的なステップとしては、地域を立体的に解析しコンセプトを明確にする計画を立てた上で実装とオペレーションを行う。

Step.1　地域を立体的に解析する

自然条件および社会的な条件を横断的に解析し、外部環境の変化の見立てを行う

Step.2　コンセプトを明確にする

地域価値の源泉となるコンセプトを明確にし、政治や教育、産業、福祉に関するグランドデザインと継続的成果を含む計画に落とし込む

Step.3　実装とオペレーション

計画に基づき行政機関、地域の中核企業、NPOや市民など適切な関係者で構成される体制を構築。内外のステークホルダーから地域開発の財源を調達する

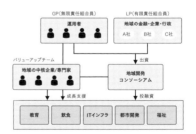

出所：ブルー・マーリン・パートナーズが独自に作成

053

Step.1　地域を立体的に解析する

　自分が主体的に関わりたい地域が見つかったら、まずは地域の自然および社会的な条件を横断的に解析しよう。そして外部環境の変化を予測するとともに、地域が担うべき次の100年の方針を結晶化するのだ。

11のレイヤーで重層的に調査しよう

　私たちが地域開発を行う際には、まず地域の構成要素を11のレイヤーに分けて重層的に調査する。このレイヤー分けの前提にあるのは、地域の豊かさとは地球のコアからヴァーティカル（垂直）に生まれてくるものだ、という考え方である（詳しくは第3章を参照）。

　年齢別の人口構成や所得の分布状況、産業構造などの調査にはなじみがあるかもしれない。しかし、このステップで私たちが重視しているのは、現在の地域の状況を形成した自然環境である。例えば、プレートの種類やその特徴、火山活動やプレートの移動によってもたらされた地質や植生、周囲の地域との距離や関係性だ。これらは地域の特性を理解する上で欠かせない要素である。にもかかわらず、地域に暮らす人々にとっては身体になじんでおり、あまりに当然のことであるため意識に上ることがほとんどない。

　どこかで見たようなカフェやピザの専門店が、気づけば店をたたんでいることがある。かたや改装を繰り返しながら何十年もの間営業を続けている和菓子店があるのは、こうしたプロセスの差によるものだ。植物が成長するには深く根を張る必要があるように、長く続く暮らしの基盤をつくるためには、地域の成り立ちを理解し、体験しなければならない。

第2章 地域開発の6つの要素

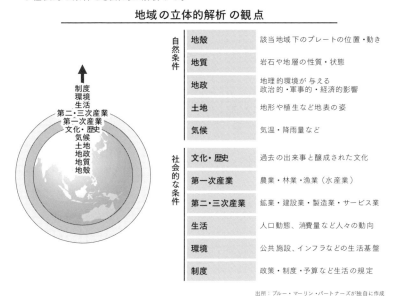

地質、地政、土地、気候などの自然条件と、環境、生活、産業などの社会条件について、各項目を調べていくことで、項目同士の関連や地域の姿が立体的に見えてくるはずだ。このプロセスを省略せず、しっかりと各レイヤーをひもとくことで、流行りや思いつきの施策展開を避け、100年続く地域の基盤となる開発方針の策定が可能になる。

地域開発にあたって、文化や歴史、産業、人口動態だけでなく地質や気候までをも分析する背景には、地政学の考え方がある。地政学とは、国の地理的な条件をもとに政治的、社会的、軍事的な影響を研究する学問だ。昔から

町の栄枯盛衰は地形や立地に左右されてきた。地政学によるリスク要因は、近年ではグローバルな投資判断にも影響を与えている。

　地域にとっては動かし難い自然条件を調べ切ることで、超長期的にその地域が受ける影響を予測し、長期に運用可能なコンセプトを案出できる。こうした調査・解析を経験したことのある人は少ないだろう。ハードルが高いと感じるかもしれないが、まずはインターネット百科事典のウィキペディアや市区町村のホームページなどで情報を得ることから始めてみてほしい。

　そしてその後、その土地の地図を印刷して、プレートの位置や道路、鉄道、空港、主要な企業の拠点や観光地を書き込むのもよいだろう。その上で、地域の資料館などを訪れ、地域を自分の足で見て回ると、ただのどこにでもある自然に見えていた風景がより立体的になるだろう。

　さらに、地理的に括られたエリアごとに用途や人の流れをイメージし、書き加えよう。そうすることで、現地に行って見えてきた匂いや色、形などの虫の目の情報と全体を俯瞰した鳥の目の情報、地殻から制度まで重層的に捉えた情報によって、地域が立体的に感じられるようになる。ここまで来れば、地域のことが好きになり、また、その魅力についてもありありと語ることができるようになっているはずだ。

11のレイヤー概要（京都府の場合）

　京都府について、多層的に調べた事例を紹介する。

　京都府は大陸プレートの上に位置している。プレートのうち中央構造線より北の西南日本内帯に属しているため、山地が形成されている。例えば京都府中部にある丹波高地や中国地方を横断する中国山地などである。結果として中国地方は、切り立った山地によって日本海に面する山陰地方と瀬戸内海

京都府の場合

● 地域で積み重ねられた複数のレイヤーを一つずつひもとき、統合的なコンセプトをもって全体を再構築することで、地域において、健康で幸せな深みのある豊かさを生み出すことが可能である。

	レイヤー	定義	京都府の場合(素案)
自然条件	地殻	該当地域下のプレートの位置・動き	大陸プレート上にあり断層が活発に動く。低山地や断層湖の形成が進んだ
	地質	岩石や地層の性質・状態	西南日本内帯に属し主に砂礫岩で構成される。風化作用が促進され盆地を形成する
	地政	地理的環境が与える政治的・軍事的・経済的影響	中国山地延長線唯一の低地であり、琵琶湖とともに瀬戸内海・日本海の交通結節点
	土地	地形や植生など地表の姿	山地(8割)に囲まれた盆地であり、琵琶湖を水源に淀川(源流)が流れる
	気候	気温・降雨量など	降水量が年中少ない瀬戸内海式気候と気温の寒暖差が激しい内陸性気候を併せ持つ
社会的な条件	文化・歴史	過去の出来事と醸成された文化	東アジア諸国との交易の観点から千年間都が置かれる。加えて工業と文化の中心地となる
	第一次産業	農業・林業・漁業(水産業)	生産量は少ないが、伝統的な京野菜はブランド化され特有の風味・効能が有名である
	第二・三次産業	鉱業・建設業・製造業・サービス業	伝統工芸が盛ん。その気風のもとハイテク企業が世界進出。多様な文化が観光業を後押しする
	生活	人口動態、消費量など人々の動向	京都府の出生率、老年人口割合はほぼ全国平均と同じで、高齢化と少子化のトレンドが続く
	環境	公共施設、インフラなどの生活基盤	交通インフラが整い、特に路線バスの利用が多い。教育機関が多く産学連携を可能にする
	制度	政策・制度・予算など生活の規定	教育・文化・経済の予算割合が高く、支援や発展を目指した政策が多い

出所:京都府HPの公開情報などからブルー・マーリン・パートナーズが独自に作成

に面する山陽地方とに分断された。

　地質については、大陸プレート上に形成された京都府あたりでは断層の動きが活発であり、砂礫岩で主に地質が形成されている。度重なる断層活動の影響で断層湖や河川が形成された結果生まれたのが、日本最大の湖、琵琶湖である。そして浸食作用を受けやすい地質によって、琵琶湖を中心とした水流の影響で大地は浸食され、京都府は標高1,000m以下の低山地帯が80％を占める盆地帯となった。地殻の影響により分断された中国地方と異なり、地質の影響で琵琶湖を中心として河川で低地帯となった京都府は、日本海と瀬

戸内海をつなぐ水上交通の要衝となった。結果として、琵琶湖 ~ 淀川 ~ 京都の交易ルートが栄えるようになった。

　南部の低地は盆地帯であり、琵琶湖を水源とする河川の流域という土地・地形の特徴は、京都府の気候に影響を与えている。北部においては、日本海を通過した湿った寒冷な風が中央部の山にぶつかり、降雪帯を形成する日本海気候であり、豪雪地帯となっている。一方、南部は、瀬戸内海式気候によって年間を通して降水量が少ないことに加えて、盆地帯のため内陸性気候としての特徴も有していて、気温に関しては夏冬・昼夜の寒暖差が激しい。

　歴史上、日本海に面する中国大陸・朝鮮半島と瀬戸内海の日本を水上交通でつなぐ京都府は都として発展し、平安時代の始まり(794年)から江戸時代の終わり(1868年)まで千年の古都として日本の政治・経済・文化の中心であった。海外との結びつきが強かったことから、独自の文化は伝統工芸品や文化財として保存され、現代の先端産業や観光業に結びつく。

　第一次産業が全産業に占める割合はとても小さい。京都に古くから存在する京野菜や宇治茶がつくられている。内陸で海産物の入手が困難ではあったが、全国から都に献上品としての野菜が集まってきたことから菜食文化が定着した。自然環境から読み取れる特有の気候・肥沃な土壌・豊富な河川水を利用して、改良が重ねられた。一般の野菜にはない機能性・風味の存在が発見されて、現在ではブランド化が進んでいる。

　第二次産業においては、古都として全国の特産物・技術・職人が集まり、宮廷用具としての需要があったので、工房が集積した。これらの工房が後に発展し、現代では製造業が占める生産高の割合が高い。伝統工芸品の生産の歴史があり、その気風を活かしたハイテク産業・先端産業が発展したからだ。京セラ・任天堂・村田製作所などの有名なメーカーが京都府で生まれている。

　そして、第三次産業、特に観光の比重が大きい。毎年、日本全国の観光客のうち約1割、外国人観光客のうち約3割が京都を訪れているほどである。

環境については、さまざまな交通網が発展しているが、特に路線バスの利用者が多く全国平均や東京都と比べて大きい。また総人口数に対する大学、学生の数の割合が全国1位である。千年の都ゆえに公家や仏教関係者の影響力が強く、関連する大学が多くつくられ、寄付金が多く集められ、学校の誘致が生じた。

年少人口割合・生産年齢人口・老年人口割合・合計特殊出生率はほぼ全国平均と同じであり、全国の他地域と同様に少子化と高齢化が深刻な問題となっている。出生率がやや全国平均よりも低いことから、今後少子化が加速すると考えられる。最後に制度について、京都府は東京都に比べて「教育と文化」にかける金額や「労働と経済」にかける金額の割合が高いが、「都市の整備」にかける金額の割合が低い。古都として近世・近代に都市整備が行われた歴史があり、「都市の整備」にかける分を他の用途に支出できるためだと考えられる。府内の教育水準の向上や文化の保存、工業を中心とした産業の保護・育成に行政が支援できている。

このように、プレートから生じた地形による影響で京都が栄え、古都としての機能を長年有してきたことから、伝統工芸が普及し、のちのハイテク産業へと発展し、観光業が栄えた。誰もが知っている京都であっても立体的解析を行うことで、違った一面が見えてくるのだ。

外部環境の変化を予測しよう

地域を多層的に分析した後は、「地域外」の環境分析と今後100年の環境変化の洞察を行う。そして、地域が持つ特性の中で、今後100年間で必要とされるコンセプトを考案する。この際、変化の方向性を捉えることは必要だが、予測の精度を上げるのは困難である。あくまでも地域としての未来予測の「スタンス」を明確にする、という目的にとどめておこう。すなわち、地域として、

100年後に地域を取り巻く外部環境がどのような状態にあると想定し方針を策定するのか？ という背景の前提条件を決めるということである。

　地域の方針を定める際には、ワークショップの形式がとられる場合が多い。しかし、未来予測や地域価値の本質の抽出など、高度な思考力が求められるため、多数決のような民主的な方法での合意形成がそぐわないことを明記しておきたい。ワークショップで意見を集めた後に、有権者によって確定するのがいいだろう。

PESTを用いた分析

　外部環境を分析する際のフレームワークとして、PESTがある。PEST分析は、組織やプロジェクトが直面する外部環境を理解し、戦略的な計画を立てるために使用されるフレームワークである。PESTは政治的（Political）、経済的（Economic）、社会的（Social）、技術的（Technological）の各要因の頭文字を取ったもので、これらの外部要因がビジネスやプロジェクトにどのように影響を与えるかを分析する。

　政治的要因（Political）には、政府の動向や政策、政治的安定性、税制、貿易規制、法規制、外交関係の動向などが含まれる。これらはビジネス環境に直接影響を及ぼし、事業の運営や収益性に影響を与える可能性がある。

　経済的要因（Economic）には、経済成長率、利率、為替レート、金利、インフレ率、失業率、鉱工業指数などが含まれる。これらの要因は、消費者の購買力や企業の投資意欲に影響を与え、ビジネスのパフォーマンスに直接的な影響を及ぼすことがある。

　社会的要因（Social）には、人口動態、教育水準、文化的傾向、健康意識、教育環境、犯罪率、居住環境などが含まれる。これらの要因は、市場の需要や消費者の嗜好に影響を及ぼし、製品やサービスの市場戦略に重要な影響を

与える。

　技術的要因（Technological）には、技術革新、特許、研究開発活動、オートメーション、技術のライフサイクル、情報提供企業の投資動向などが含まれる。これらは製品の開発、製造プロセス、市場への導入方法に大きな影響を与え、競争優位性を確立するための重要な要素である。

　PEST分析を実施する際には、まずこれら4つの領域について、現在および将来のトレンドを調査し、それらがビジネスやプロジェクトにどのように影響を与えるかを評価する。この分析を通じて、機会を特定し、潜在的な脅威に備えることができる。また、戦略的な意思決定を行い、長期

ステップ1：地域を立体的に解析する

● 地域を多層的に調査した後は、日本や世界全体の2100年までの外部環境変化の予測をもとに、地域が担うべき次の100年の方針を結晶化する。

2100年までに起こる外部環境変化（例）

Politics：政治、法改正	Economics：経済・景気
ex ● 脱炭素化や電子化の進展につながるような法改正 ● 少子高齢化による医療費、社会保障費の増加、財政圧迫 ● 中央集権型から地方分権化へ	ex ●「モノ」→「コト」へ、さらには「つながり」を重視 ● 産業融合による新たな競合の出現 ● 労働人口の減少／新型コロナウイルス感染症による不況
Society：社会・文化	**Technology：技術**
ex ● 人口減少・高齢化・長寿命化の進展 ● 単身・子なし二人世帯の増加 ● シェアリングの促進 ● 顧客ニーズの多様化、複雑化 ● 感染症や災害対策への意識の高まり	ex ● IoTの普及促進 ● AIやロボティクスの発達 ● ブロックチェーン等の進展 ● スマホ普及に伴うネットリテラシー向上

出所：ブルー・マーリン・パートナーズが独自に作成

的な計画を立てる際の基盤として役立つ。PEST分析は、ビジネス環境の変化を追跡し、組織が適応し続けることを可能にするため、定期的に実施することが推奨される。この分析を通じて、外部環境の変化に対してプロアクティブに対応し、競争上の優位性を維持することができる。

これは、ある医療機関とともにPEST分析を実施した分析例である。PESTに環境を加えたフレームに則って、未来を洞察し、医療における意味合いや潮流を言語化した。

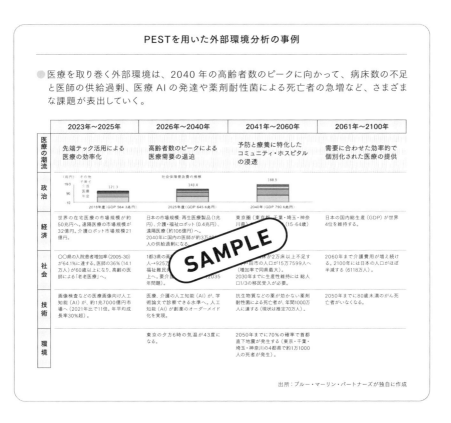

Step.2 コンセプトを明確にする

　地域と外部環境の特性を踏まえて、コンセプトを定めよう。ここでいうコンセプトとは「この地域において世界標準・日本唯一になりうるものは何か？」という問いに答えられるものでなくてはならない。ステップ１では地域と外部環境の特性を明らかにしてきた。それらの素材をもとに、地域にすでにあり、世界標準になりうるものを見つけていく必要がある。

　この問いに答えるのは簡単ではない。十分な時間と仮説思考、そして仮説

ステップ２：コンセプトを明確にする

- 地域の特性と外部環境の特性を掛け合わせ、地域のコンセプトを結晶化する。
- 地域のコンセプトとは、「地域にとって世界標準・日本唯一のものは何か？」という問いに答えるものである。

地域の特性 × 外部環境の特性
↓
地域のコンセプト

出所：ブルー・マーリン・パートナーズが独自に作成

を確かめるための実証実験が必要になるはずだ。地域全体で合意形成を図れればいいが、地域に暮らす人々は視野や視座もさまざまであり、抽象的な議論ではまとまらない可能性もある。そのため、少なくともプロジェクトの関係者たちの間ではあらかじめ合意しておく必要があるだろう。

「どこにでもある田舎」にならないために

　地域の唯一無二を表すコンセプトを明確にした後は、地域が持つ要素を方針に合わせて開発するための「グランドデザイン」の策定が必要である。

　一般的にグランドデザインの主な要素は、住民の主体的参加を促す自治の仕組みである「政治」、社会保障費を削減する「福祉」、地域を支える中核企業を創出する「市場」、地域を担う人材を創出する独自の「教育」の４つである。しかし多くの市区町村では、地域のコンセプトに基づいて開発した制度ではなく、問題への対応策としてつくられた制度や、国が推奨している実事例をそのまま応用していることが多い。

　人口が減少する中、地域が生き残り、豊かな暮らしを育むためには、地域の「価値」に立脚したコンセプトと、そのコンセプトに則って各要素を開発していくことが重要だ。方針に従った開発がされないと、イオンやスターバックスなどの流通大手の動きによって町の状況が変化し、国の政策に振り回されながら開発が進んでいくことになる。その先にあるのは、ほかの地域と何ら変わらない「どこにでもある田舎」の姿だ。それでは地域に適した人材を引きつけることはできない。「この地域こそ自分が住みたい場所だ！」と見つけてもらうためにも、方針に従った統合的な開発が必要不可欠なのだ。

第 2 章　地域開発の6つの要素

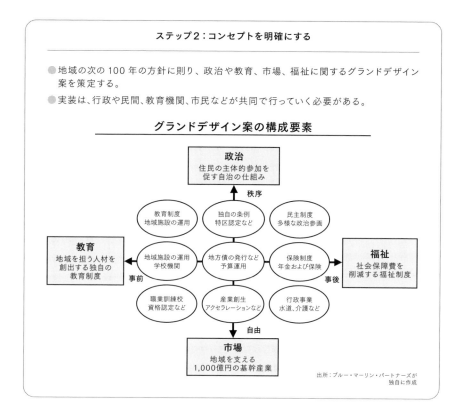

Step.3　実装とオペレーション

　グランドデザインが策定された後、重要になるのが実行する体制と資本である。体制を構築する際は、地域の各プレイヤーが共同でコンソーシアムを設立することが重要だ。コンソーシアムとは、共通の目的を持つ複数の企業や組織が協力するために結成する共同体のことである。グランドデザインの策定の時点で検討委員会を立て、地域のさまざまなプレイヤーが集まり検討している地域も多いと思うが、実行の段階に移ると主体的に参加するプレイ

ヤーがぐっと少なくなる。そこをなんとかまとめていくのが私たちのようなPMO（プロジェクトマネジメントオフィス）の役割ではあるのだが、私たちができることは事務局のみであり、結局は「この人の話なら聞いてしまう」という地域の有力者によって、実行されていく。はじめは形式だけだとしても、商工会議所や各業界団体、自治会など主力な団体の長に役割を担ってもらい、実行チームをつくる必要があるだろう。

こうした地域の主要プレイヤーたちとコンソーシアムを立ち上げる際には、少額であっても参画者は出資し、それぞれにとってのインセンティブを設計しておくことも必要である。

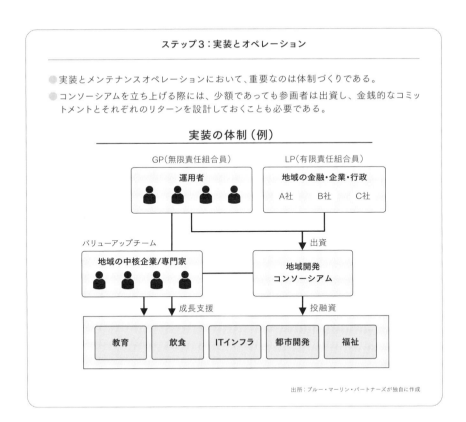

また、実装の段階においては、段階ごとに体制を変更しながら進めていこう。開発するプロダクトに関しては、スタートアップを立ち上げるのと同様にプロトタイプを制作し、実証実験を経て本格的に導入し、市場に受け入れられる（これをPMFという）という手順で進める。

主体的な参加を引き出すインセンティブ設計

　実行にあたり課題となるのは、それぞれの保有資産の保全およびインセンティブ設計、そして実行を担う若手の発掘ではないだろうか。上記のように、地域のコンセプトに基づいた事業や制度の実装を地域の企業が単体で行う場合、難易度が高くなる。資産保全の観点から、新規事業を親会社で実施することは会社全体の業績や資産への影響を与えるリスクがあるため、考え難い。子会社を設立する場合にも、経営者の工数が分散するため実務は担えない。そうなると子会社の代表に、親族や従業員を就かせることを考えるのではないかと思うのだが、事業立ち上げ初期は報酬が出しづらく、事業立ち上げを主体的に実施する動機を持ちづらい。そこで、ストックオプションなども含めた株式の保有の仕組みを使い、事業が成長するほどに自身の資産も向上する設計を敷いておくことが肝要だろう。しかし、従業員や親族に対して株を渡し、事業を行ってもらうことは、親会社の経営者にとって心理的なハードルが高い。そこでは、互いの状況や意向などを共有する時間が必要なのだが、なかなか実施し難いのが現状であろう。さらに、株式を保有したとしても出口戦略がなければ意味がない。親会社の経営者が出口戦略について考え、引受先を見つける役割を担う必要があるのだが、それも財務の知見がなければ着手しづらいだろう。

　このような背景もあり、地域のコンセプトを体現する事業をする場合には、コンソーシアムの形式を提案したい。そこから代表者とコンソーシアムが株式を保有する形で運営会社を設立する。最終的には、コンソーシアムに会社

を売却する形がよいだろう。

　また地域の担い手不足については、どの地域でも抱えている課題だが、社会人になる前に地域への移住という選択肢を提示することが必要不可欠だろう。家族を持ってからでは、移住の困難さは格段に上がってしまう。学生の間に自身の地域に訪れる機会を作り、地域の方々とつながりを持ってもらう。短期的には都市圏の会社に就職するかもしれないが、ライフステージに変化が訪れた際などに、またその地域に帰ってくることも検討するだろう。

　例えば当社の子会社である株式会社 旅武者が学生に向けて提供する武者修行プログラムは、2020年以降毎年500名以上を地域に2週間滞在させ、地域が抱える課題をビジネスで解決するインターンシッププログラムを提供してきた。その場で学生は、都会とは全く違う自然の豊かさや人の優しさに触れ、学生たちにとっての「アナザースカイ(第二の故郷)」となる。このように、社会人になる前の、地域での原体験の醸成によって、関係人口となり、長期的に移住者が増えていく仕掛けの一つとなるだろう。

グランドデザインの策定（広島県呉市の場合）

　具体的に３つのステップをどのように経るのか、広島県呉市を例に見てみよう。呉市は、瀬戸内海に面した１年を通じて穏やかな気候に恵まれた都市である。島や岬、山地など、複雑な地形が生み出す豊かな景観と植生、美しい海岸線に加え、海にまで張り出した山地による急勾配が独特で魅力的な景色をつくり上げている。映画『この世界の片隅に』の舞台になっており、作中に登場する段々畑やみかんの木々、日本海軍が戦艦「大和」を建造した軍港の歴史など、地理的・歴史的な特徴がある場所だ。

　ここで考えたいのは、なぜこの土地で戦艦「大和」がつくられたのか、だ。呉市の地形を思い出してみてほしい。平地が少なく、湾の周囲は山と島に囲まれている。大型船をつくれるだけの海の広さと深さを確保しつつ、建造中の戦艦を敵の目から隠すことができたのだ。ヴァーティカルワールド（第３章を参照）の世界観に立つ私たちは、このようにして土地の固有性を理解し、その土地から生み出される価値の源泉と、そこから結晶化される未来のコンセプトを考えているのである。

Step.1　呉市を立体的に解析する

　最初に、地域の自然条件に対する分析である。

　呉市周辺の海域では、海洋プレートであるフィリピン海プレートが大陸プレートであるユーラシアプレートの下に潜り込んでいる。プレートがぶつかり合うと、そこには火山帯が形成される。プレート同士の境界部分よりも奥に位置する呉市では、火山の形成部分は地下深くとなる。この点は、地質に大きく関係してくる。呉市は広島花崗岩類が最も広く分布し、半分以上の地

事例｜ステップ1：地域の立体的解析　呉市の場合（概要）

● 呉市は、高峻な中国山地に囲まれた坂道の多い盆地に位置し、温暖で雨の少ない気候などの自然的特徴と、東アジア大陸と日本を結ぶ海上交通の要衝として発展し、海軍基地にまつわる造船業や製鉄業という製造業が盛んであり、人口は多くないが出生率がやや高く、医療施設や医療教育機関などが充実している社会的特徴を有している。

	レイヤー	定義	呉市の場合
自然条件	地殻	該当地域下のプレートの位置・動き	断層が深層部にあり地震の影響が弱い
	地質	岩石や地層の性質・状態	花崗岩が多く、山地と盆地の間が斜面地となる
	地政	地理的環境が与える政治的・軍事的・経済的影響	海深、日照時間などから軍用地および戦艦「大和」の製造地に選定された
	土地	地形や植生など地表の姿	山地と海に囲まれ、軍用地として好条件 東アジア大陸と日本を結ぶ海上交通の要衝
	気候	気温・降雨量など	乾燥した気候で造船や果樹栽培に適する
社会的な条件	文化・歴史	過去の出来事と醸成された文化	海上交易の歴史があり、軍港・造船で繁栄
	第一次産業	農業・林業・鉱業・漁業（水産業）	気候や地形が要因で、果樹、特にみかんの産地
	第二・三次産業	鉱業・建設業・製造業・サービス業	製造業（造船）、医療・福祉が中心
	生活	人口動態、消費量など人々の動向	生産年齢人口が相対的に低いが出生率が全国比で若干高い
	環境	公共施設、インフラなどの生活基盤	医療施設/医療従事者の数が多い
	制度	政策・制度・予算など生活の規定	子育て支援、空き家対策・移住支援や経済支援が手厚い

出所：ブルー・マーリン・パートナーズが独自に作成

域に露出するとともに古期堆積岩類や白亜紀火山岩類の分布地域の底盤にも底盤上にも分布すると考えられる。地質の90％が火成岩（マグマが冷えて固まった岩石）で形成されており、60％は花崗岩という岩石である。花崗岩は、火成岩の中でもマグマが地下深くでゆっくりと冷やされてできる深成岩の一種だ。呉市はこのプレート構造に代表される地殻の特徴から地下深くにマグマが存在し、それによって火成岩を主とした地質構成となるのだ。

　こうした地質構成によって、呉市の地勢を説明することができる。呉市には、山間部や丘陵地といった標高の高い地域と平地が併存している。火成岩のような火山質の岩石は浸食作用を受けにくいため、地質の10％を占める

第 2 章　地域開発の 6 つの要素

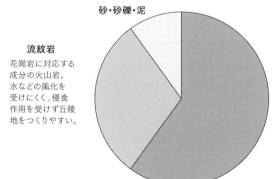

砂・砂礫・泥が浸食作用によって平地となる一方で、丘陵地が残存するのである。

　花崗岩のもう一つの特徴は、風化作用を受けやすく、風化が進行すると崩れやすいという点である。これは古くからこの地域に土砂災害が多いことを裏付ける地勢の特徴といえるだろう。

　さらにマクロな視点で呉市の土地・地形を見てみよう。呉市の総面積は352.83平方キロメートルで、福岡市とおおよそ同じ大きさである。20以上の島々を有するため、入り組んだ海岸線は約300キロメートルにもなる。山

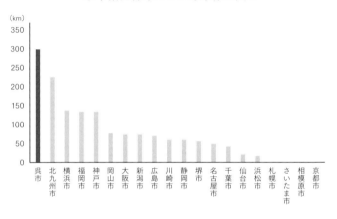

呉市の土地・地形

- 呉市の総面積は352.83平方kmで福岡市とおおよそ同じ大きさである。
- 海岸線が入り組んでおり、23島の島嶼部を有するため海岸線が300kmと他の市町村に比べ非常に長い。
- 港湾として好立地であり、多くの島を有することから島ごとの文化多様性を期待できる。

政令指定都市ごとの海岸線の長さ

出所：「北九州市 新・海辺のマスタープラン」よりブルー・マーリン・パートナーズが独自に作成

と島と海が多い地形というのは、プレート境界の奥に位置していることからも容易に納得できる。こうした土地・地形の特徴からいえるのは、港湾として好立地であること、そして多くの島を有しているため文化の多様性があるということだ。

次に、地域の気候に目を向けよう。呉市は瀬戸内海気候と呼ばれる気候区域に属しており、1年を通じて降水量が少なく乾燥している。冬でも温暖であり、これらの特徴からみかんやぶどうといった果樹類の栽培に適している。また、乾燥した気候と、穏やかな海に囲まれているという土地・地形の特徴

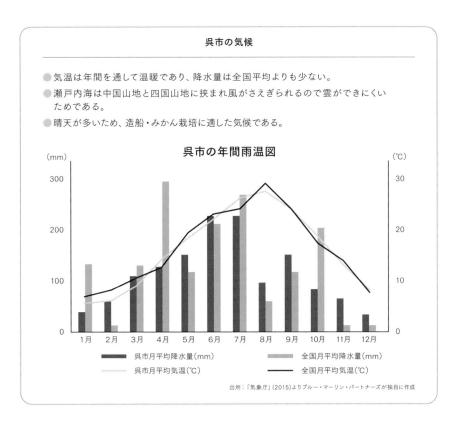

と相まって、呉市は古くから港や造船所として栄えた。

　ここまで、呉市の自然条件に対する分析を行ってきた。以降はこの自然条件の特徴をもとに、呉市の歴史や産業を見ていこう。
　海に囲まれ乾燥したこの地域は、海上交通の中心地としての歴史を持つ。成熟した港では船がつくられた。丘陵地が併存するという地形の優位性もあって、近代では軍用地として活用され、大正・昭和時代には海軍基地として利用された。

呉市の歴史・文化

- 京都との交易結節点であり、中世・近世まで瀬戸内海の海運の中継地として発展してきた。
- 山地に囲まれ海底が深く、近代以降は海軍の中心拠点としても繁栄した。
- 戦後、軍艦開発により集積した技術と設備を用いて造船業や製鉄業が発展した。

時代	呉市での出来事
奈良	崇徳天皇に倉橋島での遣唐使船の建造を命じられる。
平安	平清盛のもと音戸の瀬戸で瀬戸内海交易が発展。
鎌倉	岩清水八幡宮傘下の荘園として瀬戸内海交易で九州・京都を結ぶ。
室町	大内氏の分国統治の対象となり、港町として興隆。
安土桃山	大内氏のもと水軍呉衆となる。毛利氏により崩壊。
江戸	蒲刈が朝鮮通信使の中継地となり異国文化が流入する。
江戸	御手洗が西廻り航路での北前船の中継地となり地方の特産品が流入する。
明治	海軍拠点として呉鎮守府を設置、呉鎮守府海兵団、呉海軍工廠の設立。
明治	日露戦争後、独のクルップと並び「世界の二大兵器工場」と称される。
戦中	「大和」「長門」「赤城」のほか、海軍を代表する軍艦を多数建造。
戦中	太平洋戦争で繁忙を極めるが空爆と終戦で軍部が撤退。
戦後	平和産業港湾都市として造船業の中心、貿易港として生まれ変わる。

出所:「呉の歴史」よりブルー・マーリン・パートナーズが独自に作成

　第一次産業は、果樹栽培を中心とした農業と、カキの養殖に代表される水産業が盛んである。これらも呉市の特徴的な気候と土地・地形の様態が関係している。温暖で乾燥した気候は果樹栽培に適しており、穏やかな海岸地域では養殖業が発展しやすいからだ。とはいえ呉市の産業全体に占める第一次産業の割合は小さく、やはり大部分を占めるのは第二次産業である。

　第二次産業に関しては、交易の地や軍港として栄えた歴史的背景から、製鉄業や造船業が戦後も発展。日本製鉄やジャパン マリンユナイテッドなどの製造業企業が興隆した。現在は産業発展のサイクルに乗じて衰退を始めて

第 2 章　地域開発の6つの要素

呉市の第一次産業

- 市内の第一次産業のうち農業が盛んであり、そのうち7割以上を果樹類が占めている。
- 温暖で適度に乾燥した気候に加え、日照時間が長いことが理由である。

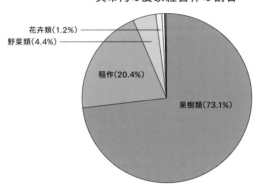

呉市内の農家経営体の割合

- 花卉類(1.2%)
- 野菜類(4.4%)
- 稲作(20.4%)
- 果樹類(73.1%)

出所：「農業センサス」(令和2年)、「ジャパンクロップス」よりブルー・マーリン・パートナーズが独自に作成

呉市の第二次産業・第三次産業

- 市内総生産は1兆592億円(2015年)であり、県内2番目である。
- 業種別の就労人口では製造業が非常に多いのが特徴で、医療・福祉、卸売・小売業が製造業に次いで多く、その他の分野では分散している。

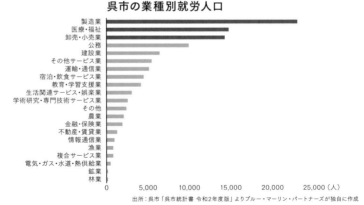

呉市の業種別就労人口

出所：呉市「呉市統計書 令和2年度版」よりブルー・マーリン・パートナーズが独自に作成

いる産業ではあるが、市内はかつて軍港として栄えた町の名残が感じられる。

　第三次産業に関しても、第一次産業と同様に産業全体に占める割合は小さいものの、特筆すべきは医療部門である。人口10万人あたりの一般診療所、病床、医師の数がいずれも全国平均を上回っており、病床に至っては全国平均の1.5倍である。これは海軍の重要な拠点として発展し、医療施設が多く建設されたことが理由であると推察される。

　こうした歴史が現在の呉市にどのように影響しているのか。まずは環境面である。呉市には10を超える港湾があり、陸上交通としては沿岸部に鉄道

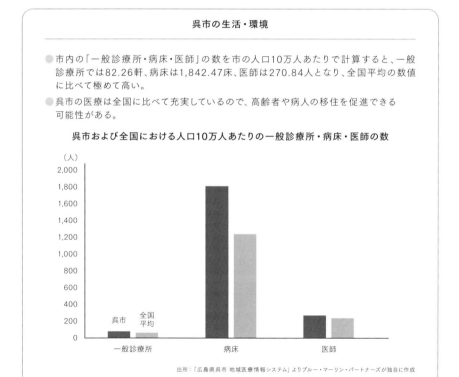

呉市の生活・環境

- 市内の「一般診療所・病床・医師」の数を市の人口10万人あたりで計算すると、一般診療所では82.26軒、病床は1,842.47床、医師は270.84人となり、全国平均の数値に比べて極めて高い。
- 呉市の医療は全国に比べて充実しているので、高齢者や病人の移住を促進できる可能性がある。

呉市および全国における人口10万人あたりの一般診療所・病床・医師の数

出所：「広島県呉市 地域医療情報システム」よりブルー・マーリン・パートナーズが独自に作成

が走り、内陸部に3本の自動車道が通っている。

　次に生活面についてである。呉市は商業の発展によりある程度の消費水準が保たれている一方で、生産年齢人口の割合が低く、老年人口の割合が高い。例に漏れず、少子高齢化が進んでいる。中心的な産業が製造業であるため、オイルショック以降産業が衰退し、若年層の流出が進んでいるのだ。こうした現状を受けて、流出した人口を取り戻すべく豊富な空き家対策や、移住・定住の支援策が打ち出されている。子育て支援も充実しており、子どもを産み育てやすい地域となっている。

呉市の生活・環境

●海岸線に沿って鉄道が通っていて、山間部を横切るように自動車道が通っている。

出所:「呉地理情報マップ(呉市企画部情報統計課)」「GoogleMap」よりブルー・マーリン・パートナーズが独自に作成

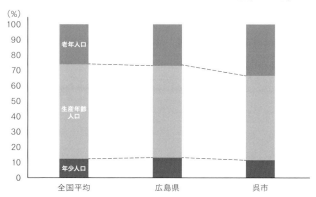

全国平均・広島県・呉市における人口割合の比較

● 呉市における年少人口割合と生産年齢人口割合は、全国平均・広島県に比べて低い。
● 一方で、呉市における老年人口割合は全国平均・広島県に比べて高い。
● 高齢化が進んでいるので、医療施設の充実したまちづくりが求められる。

年少人口割合・生産年齢人口割合・老年人口割合(2015年)

※年少人口割合・生産年齢人口割合・老年人口割合は2015年の数値
出所:内閣府地域経済分析システムRESASより一部抜粋

Step.2 呉市のコンセプトを明確にする

　地域の特性と外部環境の特性を掛け合わせて、呉市のコンセプトを定めていく。呉市において「世界標準」かつ「日本唯一」になりうるものは何だろうか。制度としては移住・定住を促進する施策や子育て支援が実施されていると述べたが、「世界標準・日本唯一」の視点で地域の特性を見つめ直すと、別のものが見えてくる。瀬戸内海と地中海は類似性が高く、リゾート地として勝負できる可能性を秘めているのだ。

瀬戸内海の特性 – 地中海との類似性｜海域比較

● 世界の代表的な閉鎖性海域の中で、瀬戸内海は地中海と多分に類似する。

世界の代表的な閉鎖性海域		地中海	バルト海	黒海	紅海	ペルシア湾	黄海	東シナ海	瀬戸内海	日本海	カリブ海	ハドソン湾
自然	温暖性	◎	×	△	◎	◎	△	◎	◎	△	◎	×
自然	晴天性	◎	△	△	◎	◎	△	△	×	◎	×	×
自然	定常性	◎	△	△	◎	△	△	×	◎	×	×	△
社会	経済的利便性	◎	◎	△	◎	×	△	△	◎	◎	◎	△
社会	政治的安全性	◎	◎	×	△	×	×	△	◎	◎	◎	◎
観光地適性		◎	◎	△	△	×	×	△	◎	×	◎	×

出所：公共財団法人 国際エメックスセンター「閉鎖性海域とは」よりブルー・マーリン・パートナーズが独自に作成

勝負する武器 – 日本の医療クオリティ

● G7（アメリカ、カナダ、イギリス、フランス、ドイツ、イタリア、日本）における日本の立ち位置を、医療に関係する諸指標で比較した。
● 看護師数や診察回数・入院日数の多さは、医療施設の高いオペレーション力を示唆する。
● The LanceのHAQ指数とNumbeoのHealth care指数から、日本の高品質の医療と関連サービスが証明され、ホスピタリティの高さが示唆される。

		1	2	3
環境	医師数(1,000人あたり)	ドイツ	イタリア	フランス
環境	病床数(1,000人あたり)	日本	ドイツ	フランス
環境	CTスキャナー台数(1,000人あたり)	日本	アメリカ	イタリア
環境	MRI台数(1,000人あたり)	日本	アメリカ	ドイツ
オペレーション	看護師数(1,000人あたり)	ドイツ	日本	アメリカ
オペレーション	年間診察回数	日本	イタリア	ドイツ
オペレーション	平均入院日数	日本	カナダ	イタリア
ホスピタリティ	HAQ指数	イタリア	日本	カナダ
ホスピタリティ	Health care指数	日本	フランス	カナダ

出所：RESERVA.Digital 「世界の様々な医療ランキングと医療先進国・日本の現在地」よりブルー・マーリン・パートナーズが独自に作成

さらに注目すべきは、充実した医療が提供できる下地がすでに完備されている点だ。その上、日本の医療サービスの水準は世界随一である。

これらの特性を掛け合わせてみよう。地域の特性として、瀬戸内海ならではの美しい景観と、呉市の医療充実度の高さがある。そして、これらを活かすことができる場所・ターゲットとして、健康と旅行に関心の高い世界の富裕層、日本が優位性を持つ医療オペレーション力に着目した結果、私たちは「世界クラスの先端医療リゾート」を呉市のコンセプトとして案出した。

呉市のコンセプト
−世界クラスの先端医療リゾート−

- 医療従事者の多さと充実した医療施設は、先端医療への対応を可能とする。
- 瀬戸内海の長い海岸線に加え、海に面した山地による急勾配が、独特で魅力的な景観をもたらす。
- 日本が国際的に優位性を持つ先端医療を軸に、エリアマネジメントを行う。

瀬戸内海の特性		勝負する武器
✓ リゾートとして活用できる瀬戸内海の独自景観 ✓ 瀬戸内海エリアの医療の充実度の高さ	×	✓ 日本が優位性を持つ先端医療のポテンシャル

呉市のコンセプト
世界クラスの先端医療リゾート

出所:ブルー・マーリン・パートナーズが独自に作成

リゾートの要素に加え、日本が世界に誇る先端医療技術や、身体だけでなく心まで癒やすリトリート施設の整備といったアプローチを導入することで、地域の歴史性や独自性を失うことなく、世界的に有数の医療リゾート都市としての開発が実現できると考えられる。古くから港として栄え、第二次世界大戦下では戦艦「大和」が建造されるなど、軍需産業によって発展してきた町が、人の健康を守る医療産業へとシフトすることで、「軍需から健康需要へ。恒久的な平和を下支えする町になる」というパラダイムの転換も期待できる。

Step.3 実装とオペレーション

では、どのように実装していくのか。私たちのプランを紹介しよう。呉市の沿岸部には、日本製鉄瀬戸内製鉄所呉地区の跡地という広大な土地がある。この跡地を活用し、まずはリゾートの基礎たる宿泊棟の開発に着手する。そして医療関連施設の設置など、徐々に拡張していくのである。

さらに、セーリング・エリアとして世界的に有名な瀬戸内海に面している点や、工場地帯ならではの景観と、江田島や倉橋島を見渡せる立地を活かして、各種アクティビティ施設の開発も視野に入れる。

グランドデザイン策定においては、教育、福祉、自治の仕組み、市場・産業などの各分野における基本方針を策定してから、地域全体の土地の利活用計画、施設の事業計画、建設・運営などの体制構築、資本政策の策定などを行いながら事業計画をまとめていく。その上で、地域開発のための新会社を設立し、土地や建物の買い取り、施設の建設を行う。

想定する先端医療リゾート｜日本製鉄の跡地の活用案

- 日本製鉄瀬戸内製鉄所呉地区の跡地につくるリゾートは、はじめに瀬戸内海側の宿泊棟の開発に着手し、周辺に医療関連施設の設置など徐々に拡張していく方針を考案している。
- 工場地帯ならではの景観と、江田島、倉橋島を見渡せる立地を活かしたセーリングなどの各種アクティビティも予定している。

出典：Google Mapより作成

事例｜ステップ3：実装とオペレーション　呉市の場合

- 構想から5年後の「コンセプトに基づいた土地利用開発の完成」を目処として、1年後のグランドデザインの精緻化、2年後の土地利用開発の事業計画の策定、その後新会社設立や土地の買取・開発、サービスの開発などを行う。

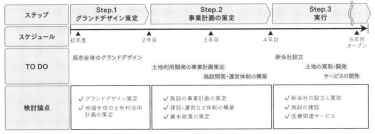

※ 事例として作成したものであり、実行されているものではありません。

出所：ブルー・マーリン・パートナーズが独自に作成

なお、ここで紹介したグランドデザイン案は、日本製鉄、呉市行政担当者、市議会議員など多様な関係者にご挨拶し、提案した段階である。

> **まとめ**
>
> グランドデザインを策定するステップは３つの段階から成る。
> ① 地域の立体的分析：自然および社会の両面から地域を詳細に分析する。
> ② コンセプトの結晶化：地域と世界全体の外部環境を分析した上で、地域に最適な独自コンセプトを明確にし、教育、福祉、政治、経済などの要素を含むグランドデザインを策定する。
> ③ 実装とオペレーション：地域の関係者を巻き込んだ体制を構築し、実装、オペレーションへと進む。

2-2 地域内ステークホルダーの「5G」を理解する

地域に入るとき、最も困惑し壁にぶつかるのはこの地域内ステークホルダーとの協業だろう。組織で働くことに慣れている人たちは、ステークホルダーの多様性や、そのアジェンダの違いに驚き、情熱が思うように

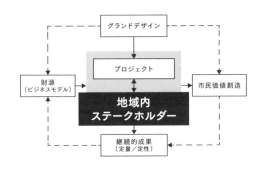

形にならないことを経験するかもしれない。だからこそ先に全体像を把握し、一人一人と信頼関係を築き、適切な役割を担ってもらう必要がある。

ステークホルダーのマネジメントが鍵になる

地域には、企業以上にさまざまな属性や価値観の人々が生活・関与している。この点を考慮しておかないと、地域開発をする上で膨大なコストが発生する。なぜか。地域開発は、ステークホルダーの連携が必要になるが、その主体ごとに重視する時間軸および関心の範囲が異なるため、調整が難しいのだ。この点について、現時点で私たちが理解できている範囲にはなるが、関係者ごとの期待値や物事を考える時間軸を明記しておきたい。

豪族（地域の中核企業）：市民が労働者であり顧客である場合、民度が事業規模に直結する。そのため、域内の収入を増やすことで域内での消費を増やし、民度を向上させる。

議員：議員選に勝つことが最重要。最大多数の最大幸福を目指すが故に、母

集団の多い年齢層（高齢者）を優先する傾向がある。
銀行：優良団体に貸付し、債権を滞りなく回収することに関心がある。そのため収益の予測がしやすい事業を好み、不良債権に対しては短期的で確実な再生計画を求める。
ギルド（商工会議所）：円滑な商取引のため上下関係を明確にし、規律を守る。新しい事業体に対して警戒心が強く、これまでのルールや序列を維持しようとする。
行政：国が定めた方針に沿って、期初に予算を決定する。期中は滞りなく予算を消化していく。最大の関心は問題なく期間を終えること。秩序を保とうとする。

　地域の主要プレイヤーは「５Ｇ」としてまとめることができる。５Ｇとは、豪族（地域の中核企業）、議員、銀行、ギルド（商工会議所）、行政を指す、私たちがつくった造語である。５Ｇはそれぞれに異なった視野と目的意識、それにひもづく行動習慣を持っている。そうした特性を踏まえた上で、５Ｇとの関係性を構築することをおすすめする。

　例えば、2020年８月に初当選した広島県安芸高田（あきたかた）市の石丸伸二前市長は一部の「議員」との関係が悪化したが、「行政」はしっかりと握っていた。そこで行政としてできることから着手・実施したが、予算には限度がある。豪族や商工会議所とどのような関係を築いていたのかは明らかではないが、銀行と協力体制を組むことは石丸氏の状況において有効だ。もし当時の石丸氏と話す機会があったなら、議員および議会との対立を緩和し、そのほかの３Ｇとの関係構築も重視するようすすめるだろう。

　あなたが地域に根ざした起業家や東京から地域開発に携わることを志すビジネスパーソンなら、５Ｇといかにして付き合っていくかは非常に重要な点である。

地域内ステークホルダー（5G）

- 地域の主要プレイヤーは「5G」としてまとめることができる。
- 5Gとは、豪族（地域の中核企業）、議員、銀行、ギルド（商工会議所）、行政のこと。

	豪族 (中核企業)	議員	銀行	ギルド	行政
ミッション	自社事業の存続	議員選での選出	融資実行と着実な回収	円滑な商取引	予算計画の遂行
関心対象	商圏内全域	有権者	融資対象者	ギルド内の関係事業者	施策の対象者
時間軸	過去から未来 (50〜100年)	任期 (4〜6年)	返済期間 (5〜10年)	商サイクル (半年〜1年)	年度 (1年)
焦点	永続性・全体最適	得票数	実現可能性	規律・上下関係	滞りない実行完了
個人アジェンダ	資産価値の維持・承継	名声	成功	自己実現	評価

出所：ブルー・マーリン・パートナーズが独自に作成

まとめ

地域開発における「5G」の主要プレイヤーと協業する際の困難は、その多様性と異なるアジェンダによるものであり、効果的な連携を確立するためには以下の点に留意する必要がある。

- 全体像の把握と信頼関係の構築：地域に入る際、ステークホルダーとの協業が最初の障壁となることが多い。先に全体像を把握し、各個人と信頼関係を築くことが成功への鍵となる。
- 多様性への対応：地域には企業以上にさまざまな属性や価値観を持つ人々が存在する。これらの多様性を考慮せずに地域開発を進めると調整が困難となり、膨大なコストが発生するリスクがある。
- 関係者間の期待値と時間軸の認識：各ステークホルダーが重視する時間軸や関心の範囲は異なるため、これらの期待値と時間軸を明確に理解しておくことが、連携の調整において重要である。

各ステークホルダーの特徴については、表「地域内ステークホルダー（5G）」を参照してほしい。

2-3 小さなプロジェクトを始める

　ステークホルダーとの対話、および協議・実行のための体制構築ができたら、まずは小規模なプロジェクトを進めてみよう。プロジェクトは企業価値創造においてプロダクトと対応している。地域のグランドデザイ

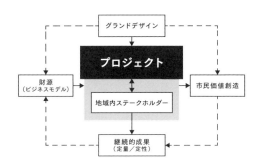

ンを体現するプロジェクトを通じて、地域の方々と体験を共有し、楔を打つようにグランドデザインの概形を描きながら、ステークホルダーたちと協業し少しずつ形にしていこう。

地域価値を向上する20の短期施策集

　プロジェクトは経済活動だけでなく、福祉、教育、政治などさまざまな領域にわたるだろう。ここでは、皆さんと地域価値を向上する20の短期施策を共有したい。

　プロジェクトを検討する際に活用しやすいよう、「A：個人への寛容度の向上」「B：社会への参画度の向上」「C：効率性と効果性の向上」の3つに分けて次から掲載する。これは、2-4で共有予定の「市民価値創造」に関連する分類となる。施策集の内容はそのほかの章とも連動しているため、「関連」には該当箇所を示している。こちらもぜひ参考にしていただきたい。

施策①	地域マーケティングへの転換
施策②	駅前の再開発
施策③	新しいスポーツの導入
施策④	コミュニティ・メディアの開設
施策⑤	簡易タブレット端末の配布
施策⑥	市民IDと行政サービス(年金・税金等)との連携
施策⑦	社会関係資本を可視化する地域通貨の発行
施策⑧	年金やボランティアなどで使える時間通貨の制度づくり
施策⑨	第二市民制度の設立
施策⑩	市民食堂の開設
施策⑪	市民投票システムの整備
施策⑫	生涯学習センターの設置
施策⑬	産業人材育成の基金創設
施策⑭	ロジスティクスの進化
施策⑮	生産物の買い上げと市民へのパック配給
施策⑯	国内交換留学制度
施策⑰	地元産業を伸ばす企業の誘致
施策⑱	地域の金融・行政・教育・民間の連携によるニッチ産業への特化
施策⑲	市民憲章による権利保障
施策⑳	医療サプライチェーンの整備

施策① 地域マーケティングへの転換

市民層に的確なターゲットを設定して関係性を構築し、
土地の価値（地価）を向上させる

分 類	C：効率性と効果性の向上
関 連	関係人口(p.29)、第二市民制度(p.30)
概 要	市民を地域にとっての「顧客」と捉え直し、マーケティングによってターゲットを絞り、PRや広報などを行う。そうすることで見込み顧客＝市民 との接点（リード）を獲得した上で、営業と同じプロセスで市民や顧客を「一本釣り」し、認知から関係人口へ、そして居住市民へと関係を深めていく。
実施上の ポイント	・ターゲットを設定し、市民は一本釣りで獲得する ・主要なKPIを「地価」に設定する(人口をKPIにするとマナーや治安の悪化につながりコスト増となる) ・接触頻度を上げるための施策として、第二市民制度を活用する
適用地域 （人口/生産量 等）	全地域
予算とプロジェクト期間 （目安）	恒久的
KPI	地 価

実施のステップ

ターゲットの設定から認知の獲得、継続的な接触、提案や商談を経て、移住や第二市民としての関わりを獲得し、その後継続してフォローするなど、事業運営と同じプロセスを経る。

ステップ	見込み市民の獲得	見込み市民の育成	市民獲得	継続更新フォロー
概要	マーケティング ・ターゲット設定 ・認知獲得	インサイドセールス ・情報提供 ・継続接触	フィールドセールス ・提案 ・商談管理	カスタマーサクセス ・成功体験支援 ・追加提案
実施例	セミナー/イベント	第二市民制度の導入	訪問提案	相談会

事例

ニセコ町・倶知安町（北海道）

スキーを目的に訪れる外国人をターゲットに、関係人口の増加を実現している。シーズンによって客層が違うことから、シーズンごとに適したターゲットを選定しアプローチしている。また、外国人が居住しやすい町に整備していくことで、限られた土地・建物を外国人が取り合い、地価が上昇し続けている。結果として、ここ数年は人口減少は進むものの地価が上昇するという現象が起きている。

出所：(右)"ニセコひらふ2" by Wakimasa is licensed under CC BY-SA 3.0.
(左)"ニセコ ミルク工房から見た羊蹄山" by shig2006 is licensed under CC BY 2.0.

施策② 駅前の再開発

その土地ならではの価値を凝縮したコンセプトを設定し、世界標準・日本唯一の「駅前空間」をつくり出す

分類	B：社会への参画度の向上
関連	たった一つの「世界標準・日本唯一」を売り出そう（p.18）
概要	駅前を開発する際は、町の「歴史」「自然」「文化」を読み解いた上でコアとなる価値を抽出し、それを象徴する形でたった一つのコンセプトづくりに特化する。駅から市街地に向けて人の流れが生まれるようなランドスケープデザインを行い、駅前から市街地に至るまでのエリアを含めて開発する。
実施上のポイント	・何でもある町ではなく、「〇〇がある町」を目指す ・駅前は地域内外が行き交う玄関口。駅ビルなどによりコモディティ化させず、地域のシンボルを印象付ける。交通機能の効率的な乗り継ぎのための場所ではなく、市民が集まるアゴラ（議論・広場）を設置し、交流を促す ・イタリアには、どんな小さな街にも美しい広場が存在し、コミュニケーションの場として機能している。その事例を参考にする
適用地域 （人口/生産量 等）	全地域
予算とプロジェクト期間 （目安）	5〜10年
KPI	The world's best awards by Travel + Leisure(US) ランクイン等

事例 ①

金沢駅「もてなしドーム」（石川県）

金沢駅の兼六園口にあるもてなしドーム。金沢は雨や雪が多いため「駅を降りた人に傘を差し出すおもてなしの心」をコンセプトに誕生。金沢を訪れた人を幾何学模様のガラスの天井がやさしく出迎える。金沢駅は米大手旅行誌「Travel + Leisure（トラベル・アンド・レジャー）」の選ぶ「世界で最も美しい駅」14 選の一つに選出されている。

事例 ②

女川駅「海の見える駅」（宮城県）

女川駅舎を中心に開発した、町の「にぎわい拠点」。震災後、海から200mに位置していた女川駅を「海の見える駅」をコンセプトに再開発。海が見えるという地の利を活かし、駅から海までをレンガ道でつなぎ、駅から海を見られるような状態に。駅周辺の拠点施設が揃った年のゴールデンウィークには、特別なイベントがなくても町人口の10倍を超える7万7,000人もの来訪者が押し寄せた。

出所：女川町より提供

施策③ 新しいスポーツの導入

土地の特徴を活かせるスポーツを見出し、
「ここでしかできない」という唯一性を確立させる

分類	A：個人への寛容度の向上
関連	たった一つの「世界標準・日本唯一」を売り出そう（p.18）
概要	メジャーなスポーツの整備ではなく、そこにしかない地理特性から生じる価値を活かし、ここでしかできないスポーツを見つける。地域におけるスポーツ振興を行い、世界のスポーツ市場に発信し、海外からも関係人口の誘致を行う。
実施上のポイント	・地形や歴史などの背景を分析し、独自性の高い要素を抽出する ・競技人口が少ないマイナースポーツから探す ・ヨーロッパの自然や歴史に関連したスポーツを参考にする
適用地域 （人口/生産量 等）	自然・歴史資源を抱える地域
予算とプロジェクト期間 （目安）	2～3年〈参考〉東京マラソンの準備期間は1年、事務局設置とマーケティングに2年
KPI	各地域による

事例①

秦野市「ボルダリング」（神奈川県）

神奈川県秦野市はボルダリングの聖地として知られ、2021年東京オリンピックではクライミング米国代表の合宿の地として選ばれた。はだの丹沢クライミングパークは実際の大会で使用されたボルダリング・ウォールを擁し、隣接するリード・スピード施設を含めると本格的なスポーツクライミング競技3種目を一カ所で楽しめることが強みである。

事例②

鳥取市霊石山「スカイ・スポーツ」（鳥取県）

日本海から吹く穏やかな上昇気流といった地形的条件により、スカイ・スポーツに最適な高さ・眺望・気流に恵まれ、スカイ・スポーツの聖地として知られている。初心者はふもとの鳥取砂丘で練習が可能である。毎年開催される「霊石山フライトフェスティバル」には全国各地のフライヤーが集う。

施策④ コミュニティ・メディアの開設

地域特化型メディアを用いて、
新たな市民サービスにつながる情報発信と情報収集を行う

分 類	B：社会への参画度の向上
関 連	コミュニティ・マネジメント（p.42）
概 要	広告が掲載されただけのフリーペーパーではなく、地域社会に有益な情報を届ける地域特化型メディアの開設。地元イベントなど、ローカルの濃い情報を新聞のテレビ欄のようにタイムリーに掲載する。市民との接点からもローカルな情報を吸い上げることで、新たな市民サービスを開発することもできる。
実施上のポイント	・顔が見える情報に特化する（「○○地区の○○さんが亡くなった」など） ・紙からデジタルへシフトさせ、大活字化や端末配布などにより全ての世代に対応する ・市民・行政・事業者・金融をつなぐコミュニティ・マネジメントシステムの足掛かりにする
適用地域 （人口/生産量 等）	人口1万～2万程度のエリアごと
予算とプロジェクト期間 （目安）	立ち上げ/1～2年、運用/最低3年以上
KPI	導入期/PV数、成長期/訪問者数、成熟期/連動サービス利用率

第 2 章 | 地域開発の 6 つの要素

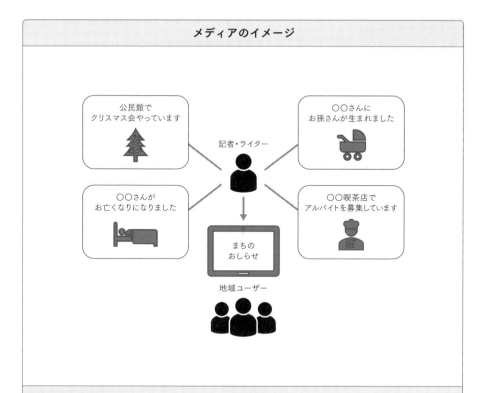

事　例

お太助フォン（広島県安芸高田市）

お太助フォンは、広島県安芸高田市が提供する地域内のコミュニケーションと情報伝達を強化するためのIP電話サービスである。このシステムは、市内全域の光ファイバーネットワークを利用して、住民間の無料通話や緊急時の情報提供を可能にしている。お太助フォンは2013年に約4億円を投じて設置され、全世帯に整備された。市内の家庭間での無料通話や行政情報の発信、災害時の情報伝達などに使用されている。お太助フォンを含む光ファイバーネットワークは、公共交通体系や地域中核病院と連携して、より効率的なサービス提供を目指している。

このように、安芸高田市のお太助フォンは、地域住民の生活の質を高め、災害時の迅速な情報共有を促進するなど、多方面にわたって貢献している。今後も技術の進化とともに、さらに多様な機能が期待される。

施策⑤ 簡易タブレット端末の配布

デジタルデバイドを解消し、全ての世代が必要な情報を受け取れるようにする

分　類	C：効率性と効果性の向上
関　連	スーパーローカルアプリ（p.141）
概　要	タブレットやスマートフォンよりもさらに簡易な端末を配布し、ラジオ波などの域内にだけ届く微弱電波を使うことで、低コストで高齢者を含む全ての人に情報が行き渡る仕組みをつくる。
実施上のポイント	・最低限度の情報が受け取れるデバイスを活用することで、低コストで全ての人に情報を行き渡らせ、アクセスの平等性を高める ・テキストベースのコンテンツを使い、電子インク技術を活用することで、長時間の読書や情報収集が容易になるデバイスの導入を推進する ・ラジオ波を活用し、Wi-Fiが届かない山間部などの遠隔地でも通信が可能なインフラを整備し、情報サービスの地域格差を解消する
適用地域 （人口/生産量 等）	人口１万〜２万程度のエリアごと
予算とプロジェクト期間 （目安）	規模による
KPI	デバイス普及率

イメージ図

ラジオ波　　　簡易デバイス　　　地域ユーザー

事 例

渋谷区「デジタルデバイド解消事業」(東京都)

デジタルデバイド解消に向け、東京都渋谷区は65歳以上でスマートフォンを保有していない約1,700名を対象に、全国で唯一、端末を2年間無料で貸与。機器やアプリの活用を支援する実証事業を行っており、操作方法やアプリの利用方法などの講習会を継続的に実施している。

施策⑥　市民IDと行政サービス（年金・税金等）との連携

地域独自の市民IDを活用することで、
公的・民間サービスのいずれも使用しやすくする

分類	C：効率性と効果性の向上
関連	スーパーローカルアプリ（p.141） コミュニティ・マネジメント（p.42）
概要	地域オリジナルの市民IDを発行し、病院予約や公共施設利用といったコミュニティでの活動をひも付ける。これにより、①決済・予約などの簡易化・活動促進、②活動データ把握・施策改善を可能にする。
実施上の ポイント	・二次元バーコードを利用したり、税金や年金の天引き決済を行政アカウントから直接行うことで、サービスの利便性を向上させる ・官民が連携してサービス提供、決済、データ管理を行い、健康ポイントなどの行政施策とも連動させる ・データをコミュニティ・マネジメント会社と共同で管理し、より効率的な情報共有とセキュリティの向上を図る
適用地域 （人口/生産量 等）	全地域
予算とプロジェクト期間 （目安）	5,000万～数億円
KPI	利用者数

第 2 章　地域開発の 6 つの要素

イメージ図

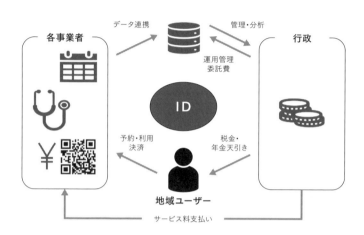

事例

中国「電子社会保障カード」

アリペイやウィーチャットなどの民間企業と行政が連携し、社会保障に関する手続きや市民向けサービスをオンライン上でできるサービスを提供。社会保障に関する手続きでは、銀行の決済口座とひも付け、口座から年金や失業給付金の受給も可能である。また、市民サービスでは、日用品の買い物や通院などの診療費用、医薬品などの支払い、図書館での本の貸し出しや公共交通機関にも使用できる。

施策⑦ 社会関係資本を可視化する地域通貨の発行

地域の特色に合った通貨をつくり、地域内の交流やコミュニティの活性化につなげる

分類	B：社会への参画度の向上
関連	スーパーローカルアプリ（p.141） コミュニティ・マネジメント（p.42）
概要	面白法人カヤックは、社会関係資本を可視化し、地域内外とのつながりを強化する手段としての地域通貨「まちのコイン」を開発した。コンセプトとして、まちごとに愛着を感じるような通貨名と、まちのビジョンや課題に合わせた利用目的を設定する。まちの課題への住民の取り組み、まちの個性を活かした交流機会創出、コミュニティの活性化を目指す。
実施上のポイント	・円への互換性を持たない地域通貨であり、経済資本のみでは測れない地域のつながりが増える体験に価値を見出す ・地域ごとに異なるテーマに重点を置き、そのまちにコミットした使い方ができる ・導入・運営費用が比較的手が届きやすい価格設定で、加盟店もユーザーも無料で利用でき、さらに還元するポイントや値引き分の原資が不要である
適用地域 （人口/生産量 等）	人口1,000人以上のコミュニティ・地域
予算とプロジェクト期間 （目安）	予算：月額15万円〜 期間：導入まで4〜6カ月、導入後は3年以上の継続が目安
KPI	利用者数・通貨流通量

事例

まちのコイン（面白法人カヤック）

神奈川県鎌倉市では、「まちのコイン『クルッポ』」を「鎌倉市SDGsつながりポイント事業」として環境問題などの課題解決に活用している。一方で、滋賀県の「まちのコイン『ビワコ』」は県内の市町をまたいで利用でき、県全体で関係人口の創出を目指している。この取り組みは「令和5年度 全国知事会 先進政策バンク」の総合部門で優秀政策に選出された。

お試し移住スタンプラリー近江八幡市

イメージ図

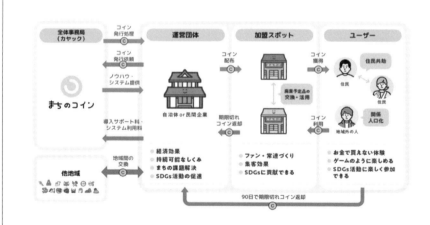

画像提供：面白法人カヤック

施策⑧ 年金やボランティアなどで使える時間通貨の制度づくり

地域内で参加したボランティア活動に応じてポイントを付与し、老後にポイント数に応じたサービスを受けられるようにする

分類	B：社会への参画度の向上
関連	2-4.「なめらかな経済」のつくり方（p.134）
概要	介護受給者になるまでの期間のボランティア活動をブロックチェーン上に記帳し、老後に年金代わりに同様の時間分の介護や生活補助などが受けられる「時間年金」制度をつくる。
実施上のポイント	・「ⅰ同年代内流通」「ⅱ世代間流通」「ⅲ時間をまたいだ流通」の３つを設計してつくる ・「ⅲ時間をまたいだ流通」においては、イノベーションの進展による将来効果増大メリットを活かす施策にする ・若者には金利をつけるなど暇な人が余剰時間を通貨に換えるようなインセンティブ設計を行う
適用地域（人口/生産量 等）	人口10万～50万規模のコミュニティ
予算とプロジェクト期間（目安）	5,000万～数億円
KPI	通貨流通量

第 2 章　地域開発の6つの要素

イメージ図

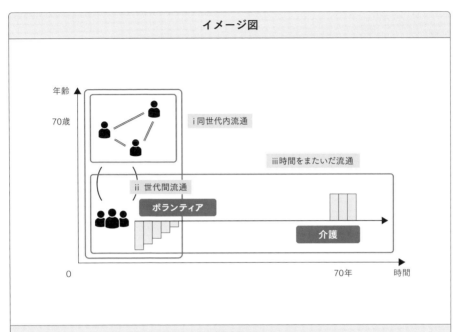

年齢　70歳
ⅰ 同世代内流通
ⅲ 時間をまたいだ流通
ⅱ 世代間流通
ボランティア
介護
0　　70年　時間

事　例

いわき市「いきいきシニアボランティアポイント事業」（福島県）

地域内でボランティア活動などに参加した人に対して、自治体がポイントを付与する事業。市内に住所を有する65歳以上の人（介護保険第1号被保険者）を対象とし、介護予防事業など地域でボランティア活動を行って貯めたポイントは特産品や商品券と交換可能である。同様の事業は複数の自治体よりすでに導入され、北海道函館市、神奈川県横浜市、東京都稲城市、福岡県福岡市などで実施されている。

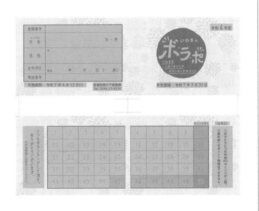

出所：福島県いわき市 地域包括ケア推進課企画係より写真を転載

施策⑨ 第二市民制度の設立

その土地に思い入れのある人が
土地の活動に参加できる制度をつくり、関係人口を増やす

分類	B：社会への参画度の向上
関連	2-6. 村民権方式（第二市民制度）（p.157）
概要	域外在住であるものの地域に関心を持つ人たちが第二市民に登録し年会費を支払うことで、その地域に主体的に関わり暮らす一市民となり、地域のサービスや商品を受け取ることができる仕組み。
実施上のポイント	・義務的な税金ではなく、地域に対する共感と支持を基にした寄付金を集め、地域への主体的参加と共感を高める ・寄付者への返礼として、特産物に加えて、地域内で利用可能な投票権、宿泊滞在、交通サービスなどの権利を提供し、より魅力的なインセンティブを創出する ・行政の枠を超えて民間の運営主体を立て、サービス提供、決済、データ管理を官民が連携して行うことで、効率的で持続可能なシステムを構築する
適用地域 （人口/生産量 等）	人口10万〜50万規模のコミュニティ
予算とプロジェクト期間 （目安）	規模による
KPI	第二市民人口数

スキーム図

行政から委託を受けた制度の運営主体が地域内事業者と連携し、第二市民の方々に投票権やサービス利用権の付与や、返礼品を届ける。

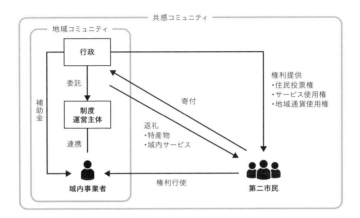

プラン(例)

市民の関心や訪問の頻度に合わせて複数のプランを用意する。

	寄付金目的	寄付金金額	投票権	地域通貨	特産物	インフラサービス	事業サービス
第二市民Aタイプ	地域の応援	低額	×	×	○	緊急避難施設利用	観光案内
第二市民Bタイプ	地域への貢献	中額	○	△	○	公共交通機関無償化	飲食・宿泊各種割引
第二市民Cタイプ	地域との共創	高額	○	○	×	実験場提供	株式取得

施策⑩ 市民食堂の開設

誰もが空腹を満たし心に充足感を得られる食堂をつくり、コミュニティへの愛着とつながりを強める

分類	C：効率性と効果性の向上
関連	孤独と孤立の克服（p.191）
概要	地域社会において低価格で健康的な食事を提供する場所として、市民食堂を開設する。特に高齢者や低所得者、学生など、食事の確保が困難な人々を支援する目的に加え、地域コミュニティの活性化や孤立感の解消にも寄与することができる。
実施上のポイント	・「そこに行けば、人と飯がある」という認知づくりをする ・つけ払いやボランティアなど、関係づくりにつながるよう決済方法を工夫する ・地産地消に取り組み、コミュニティへの愛着を醸成する
適用地域 （人口/生産量 等）	コミュニティのつながりを取り戻したい地域
予算とプロジェクト期間 （目安）	1件あたり初期投資500万〜1,000万円程度
KPI	提供食事数

> **事 例**

こども食堂

子どもやその親、および地域の人々に対し、無料または安価で栄養のある食事や温かな団欒(だんらん)を提供するための日本の社会活動。

こども食堂の分類は、目的と対象の二軸で分けられる。メインはプレイパーク・交流の場としての共生食堂と、貧困家庭の子どもの格差を挽回するケア付食堂の2つがある。

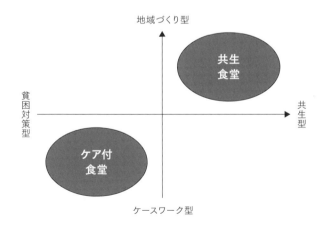

出所：湯浅誠「『こども食堂』の混乱、誤解、戸惑いを整理し、今後の展望を開く」

施策⑪ 市民投票システムの整備

市民が直接投票できる仕組みをつくり、
土地の運営に市民を巻き込む

分類	B：社会への参画度の向上
関連	2-2. 地域内ステークホルダーの「5G」を理解する（p.84）
概要	アプリなどを用いながら市民が政策について自由に問題提起し、予算の使い方や共有財産の使い道について投票などを行える仕組み。
実施上のポイント	・市民がアプリを通じて簡単に政策に投票できる仕組みを導入し、市民が政治参加を行う機会を増やす ・将来的には、提案される議案の少なくとも3分の1を市民の直接投票で決める仕組みを確立し、市民が主体的に政治に参加する環境を整える ・市民が政治的な意思決定に直接参加する文化を強化し、政策に対する理解と関心を高める取り組みを進める
適用地域 （人口/生産量 等）	全地域
予算とプロジェクト期間 （目安）	5,000万円〜数億円
KPI	投票率

事例①

バルセロナ「参加型民主主義のツール Decidim を使ったまちづくり」（スペイン）

バルセロナ市は2000年代からスマートシティプロジェクトを推進し、2014年にはイノベーションを促進する都市として欧州委員会から認定された。市民の生活の質向上と公共サービスアクセスを目的とした「バルセロナ・デジタルシティ計画」を基に、2016年から市民参加型プラットフォーム「Decidim」を運用。これにより、市民はオンラインで提案・議論・投票を行い、市政に直接参加している。Decidimを通じて1万5,000人以上の市民が参加し、1万以上の提案が寄せられ、多くが実施されている。

事例②

加古川市「Decidim を用いた参加型のまちづくり」（兵庫県）

加古川市でも同様のプラットフォームを日本の自治体で初めて導入し、市民の意見やアイデアに対してフィードバックを行い、議論を活性化することを目指している。Decidimの活用事例として、地元高校での授業で意見を提出する活動や、施設の愛称募集、河川敷の利活用アイデア募集などがある。これらの取り組みは、オンラインとオフラインの組み合わせに工夫が見られ、市民が積極的に参加しやすい環境を提供している。特に、施設愛称募集では、クラウドソーシングで集めた愛称候補をDecidimを活用して絞り込み、市民による投票を実施するなど、市民の意見を直接政策に反映させるプロセスが取り入れられている。

出所：Barcelona Decidim HPの邦訳済みページ・加古川市 市民参加型合意形成プラットフォームHPより引用

施策⑫ 生涯学習センターの設置

年齢や性別にかかわらず自由に参加でき、働くことに直結する学びを得られる場をつくり、生涯学習を支援する

分 類	A：個人への寛容度の向上
関 連	2-4. 市民価値創造と「関係係数」(p.130)
概 要	同年齢内での状態を切り取ってランク付けする偏差値教育に加えて、労働市場と接続され学び続ける必要のある「生涯」教育も整備する。
実施上のポイント	・全員が同じペースで学び相対評価されるのではなく、各自が自分のペースで学習を進めることができるよう整備する ・社会で必要とされるスキル基準が企業側から提示され、試験・資格認定の形で採用が決まる仕組みをつくる ・生涯を通じた学習のための施設の設計（若者だけでなく、広い世代が利用できる設計）を心掛け、学び直しを求める大人も含めた全ての層が学べる施設をつくる。これにより、学びの機会を生涯にわたって提供する
適用地域 （人口/生産量 等）	全地域
予算とプロジェクト期間 （目安）	最低1～3年
ＫＰＩ	資格認定数

第 2 章　地域開発の 6 つの要素

事例

シンガポール「WSQ：Workforce Skills Qualifications」

2016年から教育省が Skills Future Movement の一環として労働者技能資格（WSQ：Workforce Skills Qualifications）を管理。30以上のフレームワークがあり、2018年までに32万7,996名が受講。25歳以上の全市民に500ドルの補助金提供。

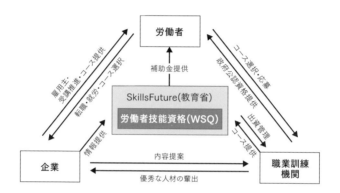

WSQ のコースを一つ終了するたびに達成賞（Statement of Attainment：SOA）を修了者に授与する。一つの SOA は WSQ の 1 単位となり、約 10 訓練・評価時間に相当する。ある一定数の SOA を授与すると、WSQ 資格が授与される。

出所：SKILLS Future SG「WSQ - QUALIFICATION LEVEL」より画像を転載

113

施策⑬ 産業人材育成の基金創設

職人が生涯にわたって安定した収入と生活を
得られるようにすることで、伝統工芸などの承継を支える

分 類	C：効率性と効果性の向上
関 連	2-6．ビジネスモデル4．基金運用方式（p.171）
概 要	長期的な産業およびそれを担う人材育成のための基金。修業時代に生活費として最低限の所得が補償される。現役時代には売り上げに応じて返納し、引退後年金を受け取ることができる。職人が食べていける環境を産業単位でつくる仕組み。
実施上の ポイント	・売却を目的としたファンドではなく、知の承継維持を目的とする基金とする ・定額返済の貸付型ではなく、売り上げに応じた成果連動型とする ・100人中1人でも花咲けば全体を食べさせることができるVC（ベンチャーキャピタル）的設計にする
適用地域 （人口/生産量 等）	伝統工芸、農林水産業など知の承継が必要な産業を持つ地域
予算とプロジェクト期間 （目安）	10年間・最低10億円の基金を運用する
ＫＰＩ	現役世代の一人あたり売上平均

イメージ図

修業期には必要最低限の生活費が給付され、現役期には収益のうち一定割合を返納する。引退後は、現役期の支払額に応じて"年金"が受け取れる

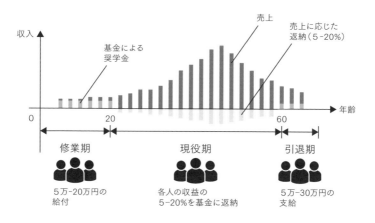

ビジネスモデル

金融機関やスポンサーを含め業界の団体（企業や組合）が基金を設立。基本的には奨学金のモデルだが、返納を成功報酬形式とする点が新しい。

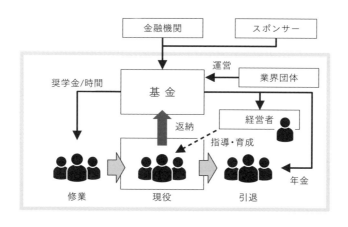

施策⑭ ロジスティクスの進化

交通の接続地点として交通の利便がよい状態にし、市民と外国人観光客どちらにとっても魅力的な街にする

分類	A：個人への寛容度の向上
関連	地域開発の五戒「4．地域へのアクセスを開発しよう」(p.32)
概要	各地域にある空港を国際化し、近隣の大都市との直通バスや電車を安い価格で提供する。これによって、地方空港であっても海外からの渡航者が増加し、空港周辺を中心とした観光需要が高まる。
実施上のポイント	・地域開発の最優先対策として、海外・国内大都市との直接接続をまず考える ・移動先の発着地として利用されるようにすることで、旅行者が途中下車して地域を楽しむ機会を増やし、経済効果を地域に還元する取り組みを推進する ・どの地域とのアクセスを改善するのか、分析・定義し、1便から開通して、徐々に増やしていく
適用地域 （人口/生産量 等）	全地域
予算とプロジェクト期間 （目安）	プロジェクトによる
ＫＰＩ	訪問者数

事例①

ダラム市「渋滞課金制度」(イギリス)

2002年10月にイギリスで初めて導入されたダラム市の渋滞課金制度は、歴史的な Saddler Street を利用するドライバーに対し料金を課している。この制度は、道路の通行量を減少させ、歩行者との衝突による交通渋滞、環境問題、道路安全のリスクを軽減するために導入された。導入後1年で、車両の通行量は 85% 減少した。当初は昇降式のポールで交通を制御していたが、2011 年には自動ナンバープレート認識システムに置き換えられた。

事例②

佐賀県唐津地域

公共交通の再編実施計画を通じて、市民と観光客両方の利便性向上を目指している。この計画では、地域の事業者や行政と連携し、バス路線の見直しや乗り換え拠点の充実など、さまざまな取り組みを行っている。特に、観光地へのアクセス改善や多様な交通機関の連携強化が進められ、観光客向けのフリー乗車券発行や多言語化対応も実施。これらの取り組みにより、市民の日常の移動支援とともに、観光地としての魅力向上に貢献している。

施策⑮ 生産物の買い上げと市民へのパック配給

**消費者と生産者が事前に契約を結び、
生産者の持続的な経営と安全な農作物の確保を行う**

分 類	C：効率性と効果性の向上
関 連	地域開発の五戒「3．地域"関係"人口を増やそう」(p.29)
概 要	消費者は事前に生産者と年間の購入契約を結び、農業を収入の面で支えながら、安全で高品質な農作物の提供を受ける。生産者と直接つながることで、生産者や地域へのエンゲージメントを高める。
実施上の ポイント	・年単位での支払いにより農家には年間の安定的な収入を提供し、地域にとっては食の安全保障力を強くする ・行政地区単位での購入による、卸効果（規模の経済）を狙う ・行政からベーシックインカムの位置付けとして助成する場合、金銭でなく現物支給にする
適用地域 （人口/生産量 等）	農林水産業が基幹産業となる地域
予算とプロジェクト期間 （目安）	規模感による
K P I	購入総額

第 2 章　地域開発の6つの要素

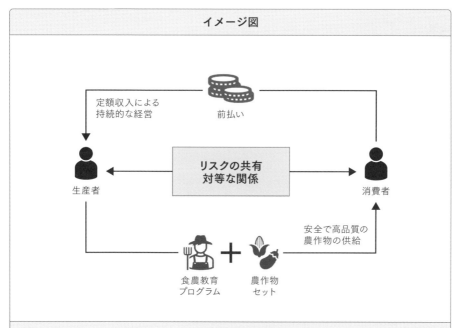

イメージ図

ビジネスモデル

CSA（地域支援型農業）

CSA とは、「農場は人々に食べ物を供給し、人々は農場を支えリスクと恵みを分かちあう」というコンセプトで、生産者と消費者が事前契約により農産物取引を行う取り組みである。消費者は、農作業の費用・農家の収入をシーズンに先行して契約し、代わりに、農家から農作物や食農教育プログラムなどの恩恵を受け取ることができる。

出所：桝潟俊子, & マスガタトシコ. (2006). アメリカ合衆国における CSA 運動の展開と意義. 淑徳大学総合福祉学部研究紀要, 40, 81-100 より引用

119

施策⑯ 国内交換留学制度

地域間での学生の越境増加を図り、
地域の魅力と課題の発信を促進する

分　類	A：個人への寛容度の向上
関　連	地域開発の五戒「3.地域"関係"人口を増やそう」（p.29）
概　要	国内の大学同士で学生の流動化を図り、さまざまな地域に触れる機会を増やす。一定期間居住外地域に滞在して活動することで地域性の違いなど異文化理解を深めるとともに、外部の目線から課題発見に取り組む。
実施上のポイント	・大学、企業、市民などのコンソーシアムを形成する ・地域コーディネーターを活用し、教育だけでなく地元とのコミット促進も並行して行う ・大学間で単位の認定を行うなどして、学生へのインセンティブを制度的に与える
適用地域（人口/生産量 等）	全地域
予算とプロジェクト期間（目安）	500万～1,000万円・5年間
KPI	留学後Iターン就職数

> **事　例**
>
> 「地域みらい留学365」
>
> 内閣府では、関係人口の創出・拡大を目指し、高校段階での地域留学を推進するため、全国から高校生が集まるような高校の魅力化に取り組む地方公共団体を支援している。令和5年度時点では22校が採択され、在学する高校とは別地域で2年生の1年間を過ごす高校生が、地域ならではの魅力と課題に向き合うことで「なりたい自分」を実現することを目指している。
>
>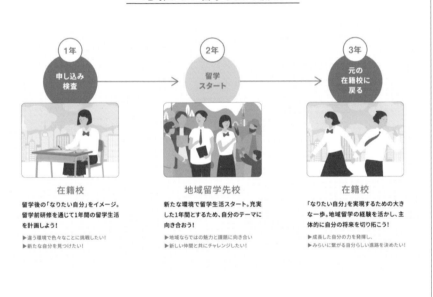
>
> 出所：一般財団法人 地域・教育魅力化プラットフォーム「地域みらい留学365」公式ホームページより画像を転載

施策⑰ 地元産業を伸ばす企業の誘致

既存の地域産業をより活性化させることのできる、
新しい企業の誘致をする

分類	B：社会への参画度の向上
関連	2-5. 継続的成果を測定する（p.145）
概要	地元基幹産業全体の価値を上げる上流・下流企業の誘致。あるいは基幹産業の存在により長年集積した産業基盤・インフラなどを活かせる新産業企業の誘致。
実施上のポイント	・その地域の基幹産業が持つ世界水準での競争要因の特定をする ・基幹産業の成立要因やその産業から歴史的に蓄積された地域内資産などの分析をする ・税制優遇などのインセンティブを主軸とした制度ありきのアプローチではなく、長期的な関係構築を前提としたパートナー選定とアウトバウンド型の誘致活動をする
適用地域 （人口/生産量 等）	人口50万以上
予算とプロジェクト期間 （目安）	3年以上
KPI	参入企業数

事例

神奈川県横浜市

京浜工業地帯の中核を成す製造業・IT／エレクトロニクス産業および東アジアの貿易拠点として盛んな港湾運送業といった地場産業の強みと、顧客・取引先との近さを活かし、平成17年度より外国企業誘致活動を継続的に行っている。令和3年に至るまで累計167社の誘致実績を誇り、一大産業集積地域を成している。

横浜市に立地を決めた企業へのヒアリング結果(一部)

立地の決め手
- 東京や名古屋へのアクセスがよい。
- 顧客となる製造業が多いため。

採用の状況
- 県内の大学や研究機関とのネットワークがあり、学生等にアプローチできれば役立つ。
- 英語ができ、技術も分かっている人を求めている。

公的支援に求めるもの
- 神奈川県庁のワンストップサービスに感謝している。
- 地元企業に関する情報を分かるようにしてほしい。

生活環境
- やはり言葉の問題が大きい。
- 外国人が入居することに対し抵抗を感じる家主もいた。

取引の状況
- 今は本社等から全て調達しているが、今後は国内からも調達していきたい。
- 全体の35％ぐらいは県内企業と取引をしている。
- 顧客と通信できれば、対応は可能であるので取引先の場所にはこだわってはいない。
- 直販は行わないが、アフターサービスは行っている。

出所：神奈川県自治体総合研究センター
H18年度部局研究チーム報告書「かながわのビジネス国際化に向けて」よりヒアリング結果の一部を抜粋

施策⑱ 地域の金融・行政・教育・民間の連携によるニッチ産業への特化

地域のステークホルダーが連携し、ニッチ産業の発展を多方面から支える

分類	C：効率性と効果性の向上
関連	地域の1,000億円産業（p.145） 世界標準・日本唯一（p.18）
概要	地域の金融・行政・教育・民間といった複数のステークホルダーが連携して、ニッチ産業を振興する。産業全体で100億円、1,000億円まで規模を拡大できれば、その地域を支える産業になりうる。
実施上のポイント	・ニッチ産業の継続的な発展を目的とした中長期的に関与する人材の育成・採用に取り組む ・ニッチ産業の価値を向上させるマーケティング・ブランディングなどの一流の外部専門人材を登用する ・地域の特性を徹底的に分析し、その結果を基に世界標準・日本唯一の産業を選定する。これにより、地域のユニークな強みを活かし、世界に通用するニッチ産業を確立する
適用地域（人口/生産量 等）	全地域
予算とプロジェクト期間（目安）	恒久的
KPI	生産数量

事 例

愛媛県今治市は「今治タオル」で知られる通り、日本有数のタオル産地である。今治タオル工業組合、今治商工会議所、今治市は三位一体となり、事業として今治タオルの再生プロジェクトをスタートさせる。それは「今治タオルプロジェクト」であり、高品質なタオルの安定的な供給支援とブランド力強化を産官一体となって推進した。今治タオルはその品質の高さとブランディング戦略により、安価な輸入タオルに圧倒される国内外のタオル産業において独自の地位を確立したのである。

地域の立体的解析：愛媛県今治市は良質な水資源に恵まれ、蒼社川の伏流水や石鎚山の地下水がタオルの晒しや染めに最適である。これにより、今治タオルは繊細で柔らかな風合いを実現した。

外部環境：バブル期以降、生産量と生産額は縮小し、新興国からの安価な輸入製品やOEM生産の海外移転、国内需要の減少が課題となった。

施策⑱ 地域の金融・行政・教育・民間の連携によるニッチ産業への特化：これを受けて、今治タオル工業組合、今治商工会議所、今治市が再生プロジェクトを2006年にスタートさせた。国の「JAPANブランド育成支援事業」に採択され、佐藤可士和氏の監修のもと、ブランドロゴ策定、品質基準設定、新商品開発、見本市への出展、タオルソムリエ資格の創設、タオルマイスター制度の導入などを展開した。

KPI（結果）：「安心・安全・高品質」という本質的価値を追求し、丁寧に伝えることでブランド戦略は成功した。その結果、2004年時点で今治タオル産地を認識している人の割合は36.6%であったが、2019年には74%に上昇し、2022年には全国タオル・ケット生産量の約60%を占めるようになった。

出所：今治タオル公式ポータルサイトよりロゴを転載

施策⑲ 市民憲章による権利保障

地域の歴史や文化、自然などの共有資産を守るため、権利を明文化して保障する

分　類	A：個人への寛容度の向上
関　連	市民価値創造（p.130） 継続的成果を測定しよう（p.145）
概　要	地域で成文化されていないが遵守されてきた文化や自然との関わりに関する権利について、市民憲章とすることによって保障し地域に対する誇りを醸成する。
実施上の ポイント	・地域の歴史や文化を地理的／社会的な側面からさかのぼって考え、地域における共有資産へのアクセス権を与える ・暗黙のルールではなく市民憲章などによってオーソライズ（公式化）する ・オーソライズした権利を地域社会に広く普及させ、定期的な評価と確認の機会を設ける（これにより、地域共有資産の管理と保護が適切に行われているかを監視し、必要に応じて改善策を講じる）
適用地域 （人口/生産量 等）	自然に恵まれた地域
予算とプロジェクト期間 （目安）	1～3年
KPI	自然に関するアンケート・意識調査

事 例

フィンランド「自然享受権」

フィンランドでは所有者や生態系に損害を与えない限りにおいて、国立公園や他人の土地への立ち入りと自然環境の享受が、万人に認められる権利として保障されている。ハイキングや採餌、狩猟や釣りなどを自由に楽しむことが可能である。一方でその際には、自然をむやみに荒らさないための責任を果たすことが求められている。狩猟や伐採を行う際は所有者に許可をとることや、所有者の設定した立ち入り禁止区域への侵入は慎むことが文化として根付いている。他人の所有する森に生えている松茸やポルチーニ茸ですら、基本的には見つけた人が持ち帰ってよいとされている。秋のキノコ狩りや、夏のベリー摘みも人々の間で楽しまれている。自治体は人々が農業や収穫を楽しめるよう、郊外に格安で借りられる農地や市営農園を確保するなど、さまざまなサービスを提供している。

出所:ARUHIマガジン
2018/9/8掲載「ベリーやきのこ、畑まで…。自然の恵みを共有するフィンランドのユニークな権利とサービス」より引用

施策⑳　医療サプライチェーンの整備

医療施設を整備し、ライフステージごとに発生しうる医療の需要に備える

分　類	A：個人への寛容度の向上
関　連	新しい技術を使おう（p.35） ケーススタディ：公平病院（p.210）
概　要	出産・育児・介護など、各フェーズにおける課題の解決に必要な機能をワンストップで備えた施設。例えば、産婦・新生児・家族に対して、医療・母体ケア・育児・観光・コミュニティ形成のサービスを提供する「出産」ケア施設など。
実施上の ポイント	・官民連携による人材・予算不足の解消をする ・ライフステージごとに発生しうる医療の日本各地の需要を一つの地域に集める ・日本以外にも東アジアの需要を取り込むためにインバウンド対応をする
適用地域 （人口/生産量 等）	市民1人あたり医師数など、医療インフラが豊富な地域
予算とプロジェクト期間 （目安）	3～5年
KPI	統合施設利用者数

提供イメージ

産後ケア施設

産後の女性を支援する文化や習慣は世界中に存在し、これによって身体の回復だけでなく、精神的な負担の軽減、母親になることへの自信、そして親子関係の基盤が構築される共通点が存在する。また、伝統的な文化が残る地域では産後うつが少ないという報告もあり、産後ケアと産後うつの関連性が示唆されている。現代の日本では、家族による産後ケアの提供が急速に減少し、社会的な課題となっている。そのため、社会全体で産後ケアを行う体制整備が求められている。

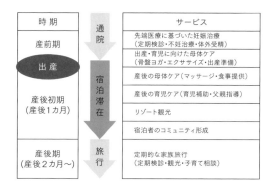

時期		サービス
産前期	通院	先端医療に基づいた妊娠治療（定期検診・不妊治療・体外受精）
出産		出産・育児に向けた母体ケア（骨盤ヨガ・エクササイズ・出産準備）
産後初期（産後1カ月）	宿泊滞在	産後の母体ケア（マッサージ・食事提供）
		産後の育児ケア（育児補助・父親指導）
		リゾート観光
		宿泊者のコミュニティ形成
産後期（産後2カ月～）	旅行	定期的な家族旅行（定期検診・観光・子育て相談）

事例

台湾「壹壹產後護理之家」

食養生をベースとした、健康状態に合わせた食事や医師・看護師などによる乳幼児の24時間サポート、父親向けの育児プログラムなどが充実している。

出所：文京学院大学「産後ケアの文化的背景と現代の課題についての一考察」よりブルー・マーリン・パートナーズが独自に作成

市民価値創造と「関係係数」

2-4

市民価値創造とは、事業創造における「顧客価値創造（カスタマーサクセス）」に当たる。市民の理想状態を定義し、環境を設計するのである。では、市民の理想状態は何によって定義できるだろうか？ 私たちは「関

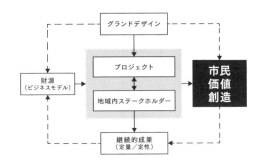

係」だと考える。市民間の関係の最適化によって助け合いが進み、社会保障コストが下がり、資本の域内循環は向上する。この章では、「なぜ関係が市民価値なのか？」そして「どう測ればよいのか？」「どんな施策を講じるのか？」について紹介する。

関係性をデザインする

　市民価値創造は聞きなれない言葉かもしれない。市民価値創造とは、事業創造における「顧客価値創造」、すなわちカスタマーサクセスに相当する概念である。市民の現状と理想状態を明確に定義し、そのギャップを埋めるための施策を実施しながら、市民が理想状態に近づけるよう支援することである。ただ、顧客との大きな差は、市民はペルソナが設定しづらく、カスタマージャーニーも1つに絞れない点である。そのため、指標を用いて市民の状態を把握しながら、改善すれば影響の大きい集団を特定し、施策を講じていく必要がある。自社のサービスに合った顧客像を定義し、マーケティングを通じて接点を獲得し価値を提供する事業創造とは、プロセスが異なっている。

ここでいう施策とは、経済活性化に関するもの以外に、福祉・行政・教育などがある。「2-3 小さなプロジェクトを始める」で共有した施策集なども参考にしながら、施策を打っていくとよいだろう。

地域価値をどのように測るか

　そもそも、市民価値とは何だろうか？　市民価値を定義するために、私たちは「関係」に着目した。なぜなら、幸せと安心・安定は「関係」によってもたらされると考えるからである。

　関係が最適化されることによって、助け合いが促され、見守りや市民サービスなどの社会保障費が抑制され、健康にも良い影響があることが報告されている（詳細は第3章を参照）。「私は地域に居場所と役割がある」という確かな感覚が生活の満足度を高めることは、皆さんもよくご存知だろう。市民間の関係を健やかな状態に保ち、市民それぞれの豊かさを下支えしていくことが、市民価値創造だと考えている。

　例えば、モニタリングの結果、低所得世帯が地域コミュニティにおいて孤立していることが分かったとする。地域の人々と交流する機会が損なわれているようであれば、市民食堂などの施策を展開しよう。その際、所得に応じて行政から食費を補填する形を取ることで、同じ場所に市民が集い、世帯収入を超えた交流が生まれる。また、相互に知った顔になることでコミュニティ内のつながりが強化され、公共施設の維持管理に意識が向くようになることも期待できる。このことは行政の立場から見てもコストの低減につなげることができる上、少しでも住民同士のつながりが存在することで、犯罪率の低下にもつながるだろう。

　このように、地域全体の「関係」の状態を俯瞰しながら、施策を調整し、関係性をデザインすることで市民価値創造を行うのだ。

「関係」という新しいKPI

　市民価値を健やかな関係と捉える際に、最初に直面する課題はその指標化であろう。市民の状態を正確に把握するためには、関係を係数化する必要がある。しかし、関係は目に見えないものであり、流動的な性質を持つため、市民間の関係を細分化した上で、指標化することが本当に可能なのかと疑問に思う方も多いはずだ。

　関係を指標に落とす前に、「他者との適切な関係」についてもう少し考えてみたい。人と人、人と自然など、さまざまな関係が考えられるが、ここでは「人と人との関係」に焦点を当てる。他者とよい関係をつくれているとは、どのような状態だろうか。

　一つには、適度な「距離感」で構築されていることが考えられる。「密度」と言い換えてもいいかもしれない。他者を認知できないほど離れている場合は問題だが、他者と近すぎる場合もこれはこれで閉塞感や生きづらさを感じることになりかねない。

　一人あたりが持つ関係の「数」にも着目してみたい。多ければ多いほどよいというわけではないが、例えば1年間で話をした相手が一人しかいないなど、関わる人数が少なすぎる状況は、その人が一人で問題を抱え込んだり、偏った意見を持ってしまったりと、リスクがある状態といえる。

　こうして見ると、他者とよい関係をつくるためには、個人にとって「密度」と「数」が適度な状態を保っていることが重要であると考えられる。

　ここまででは、個人にとって関係の「密度」と「数」が重要だと述べた。地域にとってはどうだろうか。地域における関係係数を考えた際、その指標は「コミュニティ」と「個人」とに分けられる。個人が持つ関係と、コミュニティ全体における関係性である。個人については先述の通りだが、コミュニティにおいては、「(個人の)社会への参画度」、そして

もう一つは「(社会の) 個人への寛容度」に分けられる。これは、『幸福途上国ニッポン　新しい国に生まれかわるための提言』(アスペクト)の著者・目崎雅昭さんによって定義されたものだ。「社会への参画度」については、例えば住民の地域自治への参画度合いが高いことなどが指標となる。スイスでは、地域自治が進んでいる州ほど住民の幸福度が高いことが分かっている。日本でも道州制の議論が上がっているが、それが国民の地域自治への参加につながるならば、幸福度に好影響を与えることになるだろう。「個人への寛容度」については、例えばLGBTQ(レズビアン・ゲイ・バイセクシャル・トランスジェンダー・クィア)と呼ば

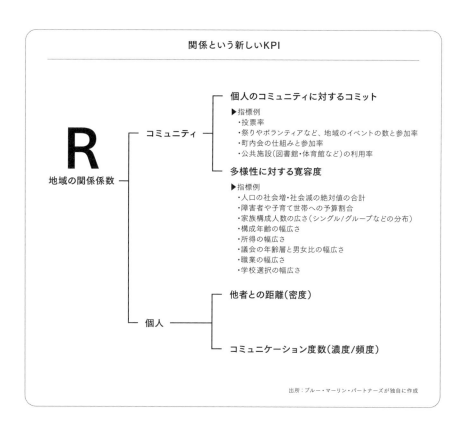

れる性的少数者を認めるかどうか？ あるいは男女平等指数（例えば国会議員に占める女性比率）などが分かりやすい指標として挙げられる。ちなみに世界経済フォーラムが発表した2023年のジェンダー・ギャップ指数の日本の総合順位は、146カ国中125位と過去最低であった。

今回、KPIとして定義するにあたり、さらに細分化して指標を策定した。図「関係という新しいKPI」を参考にしながら、独自の指標化を試みてもらいたい。

地域を維持する「なめらかな経済」のつくり方

市民の豊かな関係を支援する上で、金銭が時に弊害となることがある。金銭がもともと言葉や行動でコミュニケーションが取れない相手とのやりとりの手段として発明された背景が影響しているからである。そのため、お金を介することでつながりが絶たれ、本来生まれるはずだった人と人との交流や、地域における物語が漂白されてしまうのだ。

そこで、地域内の物語や関係をつなぐ「なめらかな経済」の仕組みを紹介したい。それによって市民の関係が最適化され、地域内で留まり循環するお金の割合を増やすこともできるだろう。地域の中核となるコンセプトに則って産業をつくり、福祉、教育などを再構築するには膨大な時間がかかる。その間に、市民同士の相互扶助の力を高めておき、地域内の資本循環を高水準で維持することで、長い再構築の期間にも豊かな状態を保つことができる。

ここでは、「なめらかな経済」の仕組みを5つ紹介する。過程を共有する「プロセスエコノミー」、信用の可視化とつけ払いの「記帳経済」、不動産を信用の土台とする「地域通貨」、持ちつ持たれつの助け合いを促す「時間通貨」、若い時に時間を貯めて老後に使う「時間年金」である。「プロセスエコノミー」

第 2 章 　 地域開発の6つの要素

については第 1 章を、「地域通貨」については「2-6 長期的に開発予算を確保できる財源(ビジネスモデル)とは」を参照していただきたい。

これらによって、地域内での関係を最適化しながら、1,000 億円産業の確立など長期の地域開発に取り組んでいく。

「記帳経済」がコミュニティ内の結束を強める

記帳経済とは、「つけ払い」のことである。地域で生活する人たちは、連帯感を高め、地域内での消費の割合を高めるため、やりとりで記帳のみを行

い、なるべく精算しない方がよい。年金などから天引きする形式を用いることが効果的である。このような運用方法にすることで、互いの信用がトラッキングされ、取引の無駄がなくなり、地域の商店を利用した買い物やボランティアなどに対しポイントを付与したり、一部還元したりするような動きをとることで、域内資本の小売店での消費を促すことができる。また、相互扶助を促進することで、地域での社会福祉にかかる予算を抑えることも可能だ。

　記帳経済を導入した場合、予定通り後払いがなされるのか、疑問に思う方もいるだろう。この点には、「村八分」という言葉に代表される地域の相互監視をうまく活用することだ。また、年金や給与からの天引きによって自動的に支払いをさせる仕組みを導入することで、未払いリスクを下げることが可能である。

● 持ちつ持たれつの関係を活かす「時間通貨」

　時間は全ての人にとって平等であり、文脈とつながりを保全することから、私たちは時間通貨が地域経済に適していると考えている。時間通貨とは、地域内で掃除や買い物などの困りごとを解消したり、専門知識の提供を行うなど、何かサービスを提供したら時間通貨を受け取り、ほかの人が提供するサービスを受ける際に活用できる仕組みである。

　すでに運用されている「時間」を使った通貨に、スペインを中心に展開する「時間銀行」がある。まず、同じ地域や学校など、近いところにいる者同士で「○○時間銀行」というグループをつくる。グループ内で運営管理の担当者（事務局）を数人決め、彼らを通じて自分が人に提供できるサービス――「英会話」「パソコンの修理」「買い物の代行」など――を時間銀行に登録し、必要な時にサービスを頼んだり、頼まれたりするのである。その際、依

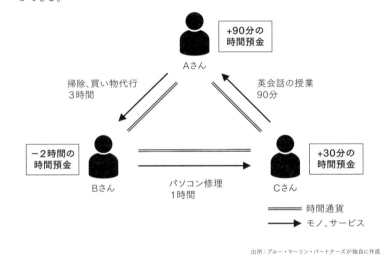

時間通貨｜関係経済システム：時間通貨の利用イメージ

- 時間は全ての人にとって平等であり、文脈とつながりを保全することから、時間通貨は、地域経済に適していると考えている。
- 地域内でサービスの提供（掃除や買い物などの困りごとの解消、専門知識の提供など）をしたら時間通貨を受け取り、他の人が提供するサービスを受ける際に活用することができる。

出所：ブルー・マーリン・パートナーズが独自に作成

頼した人はかかった時間を提供者に支払い、提供者はそれを「時間預金」として自分がサービスを頼む際に利用する。メンバー間で何かを頼む際は「頼るばかりで申し訳ない」と思う必要がない。時間で返すか、いずれ自分が依頼に応えることで「持ちつ持たれつ」になるからだ。

　この仕組みは日本においては一般化していないが、初めて立ち上げたのは日本だといわれている。1973年、女性たちが助け合うため時間に余裕のある時と、足りない時を相互に組み合わせ補い合って、助け合うためのネットワークである「ボランティア労力銀行」が発足した。1980年代にはアメリカで「タイムバンクスUSA」が、スペインでは2010年代に「時間銀行」が

発足した。

　こうした動きは、各地域や担い手のニーズに合わせて形を変えながら世界に広がった。例えば、アメリカと同様の社会状況にあったイギリスでは、1998年に時間銀行第1号が誕生。Timebanking UK の年次報告書によると、2021年度時点で全国に約1万8,000人のユーザーがいるという。

● 「時間年金」で介護費用の一部を補填する

　時間通貨の考え方に、より長期の時間軸と複利の考え方を応用したのが、時間年金である。時間年金で構築したいのは、若年層時代に行ったボランティアの時間分だけ介護が受けられる仕組みである。例えば、高校生の時に10時間の介護ボランティアを行った人は、老後に介護が必要となった際、同等の時間の介護を受けられるのだ。

　この仕組みによって、介護に必要な費用を一部ボランティアで補填することができ、かつ介護需要自体も抑制することができる。膨大な社会保障費をボランティアによって削減しながら、介護を受けることができるのである。また、ボランティアから介護を受けるまでの期間が数十年間あることから、この期間に技術革新が進み、1時間あたりに受けられるサービスの量の向上が期待できる。これにより時間に対する利子をつけることができる。ただし、保管期間が長期化する場合に、1時間あたりの価値をどう換算するか、人口が減少し高齢者が増加する将来において介護をまかなうことができるのかなど、課題もある。

時間年金｜関係経済システム：時間通貨の利用イメージ

- 時間年金は、若年期に行った地域のボランティアの時間数に応じて、介護サービスが受けられる時間が決まるという仕組みである。
- ボランティアを行う若年期から介護を受けるまでの期間が数十年間あることから、この期間に技術革新が進み、1時間あたりに受けられるサービスの量が向上し、これによって時間に対する利子をつけることができる。

若年期に行ったボランティアの時間数に応じて受けられる介護サービスが決まる

出所：ブルー・マーリン・パートナーズが独自に作成

> まとめ

地域開発における市民価値を、「関係係数」という新しい指標で評価することを提案した。また、地域内の資金の流出を防ぎ、地域のつながりと物語を育む新しい経済モデルを紹介した。

- 関係係数の導入：地域の幸福度を測るため、「社会への参画度」と「社会の個人への寛容度」の二つの指標を用いる。
- 新しい経済モデルの構築：地域内の資金流出を防ぐために「プロセスエコノミー」「記帳経済」「地域通貨」「時間通貨」などの新しい経済システムを実装する。
- 地域経済の活性化：地域通貨や時間通貨を導入し、地域内消費を促進することで、持続可能な地域経済の自立を支援する。

COLUMN

市民・行政・事業者をつなぐ
「スーパーローカルアプリ」

山口揚平

　都会で働いてきた人々が、連携を深め、協力を要請するべきポジションとして注目しているのが、地域に盤石な顧客基盤を持ち、各ステークホルダーと十分な関係をつくってきた「地域の中核企業」である。すでに盤石な顧客基盤と信頼を獲得しており、地域全体の所得が向上し、文化が醸成されることは、自社の利益に直結する。この「地域の中核企業」が、地域一帯の開発を推進するコミュニティ・マネジメント企業として進化することを支援し、地域全体の開発促進を進めていくのである。

　これはかつて都市部の大企業が日本全体の産業創生をリードし、世界の顧客と直接取引して地域の下請け企業や海外の生産拠点に発注していた状態から、地域の中核企業が主体となり、世界の顧客開拓を進めながら地域内にて生産クラスターを集積させていく形への転換を意味している。

　地域の中核企業が主に担う役割として、地域のマーケティングがある。例えば、地域で長年フリーペーパーを発刊してきた企業は、個人および商店の住所や口座情報を網羅的に有している場合が多い。その特性を活かして、地域のお悔やみ情報や公民館の予約、健康増進や孤独の解消のための地域のイベント参加の提案など、地域に特化した情報をまとめ、提供していく必要がある。地域に適した人材のセグメントを特定し、適切なメディアを使いながら関係人口を増加させていく。また、地域内に向けては、市民、事業者、行政機関が使用するCMS（Contents Management System：コンテンツ管理

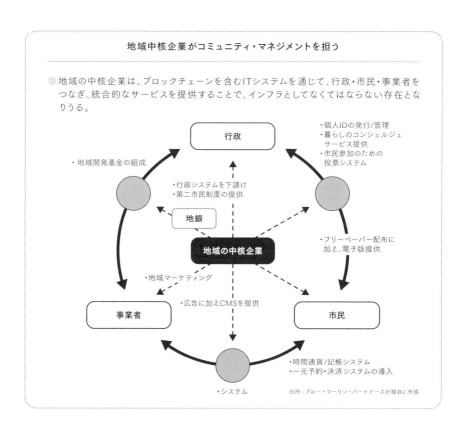

システム）を開発・提供する。

　市民に対しては、地域のお悔やみ情報などのニュース提供や、時間通貨や記帳システム、病院や集会所、地域の飲食店なども含めた一元予約・決済システムを導入しながら、地域内での関係構築や安心した暮らしを提供する。事業者に対しては、市民への有効な告知手段として広告の掲載を認める。地銀とは、地域開発基金を共同で創設・運営し、地域の産業振興を促進する。行政からは、行政サービスの下請けの実施、第二市民制度の提供などをする。

　市民と行政、事業者をつなぐCMSは、その地域に住む市民の大多数が利

第 2 章　地域開発の6つの要素

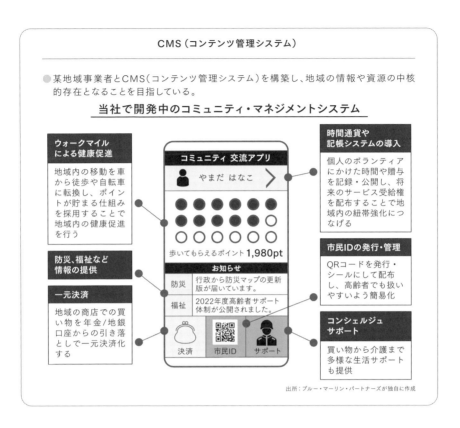

用するものがいいだろう。市民同士の助け合いを促し、買い物から介護まで多様な生活サポートを提供するコンシェルジュサポート、地域での買い物を年金や地銀口座から引き落とすことができる一元決済機能、市民にとって有益な防災や福祉などの情報提供など、地域に暮らす人々に欠かせない機能を提供するのである。

　まずは「つけ払い決済」などの全員にとって必要となりうる機能から始め、多様なサービスを連携し、ゴミ回収車の位置や過疎地域でのライドシェアなど、大手のウェブ・紙媒体のメディアがサービス化しない、その地域に特化した内容を伝えていく。一つの機能からマルチに機能強化していくという意

味においては「スーパーアプリ」であり、地域の細やかなニーズに応えるという意味においては「スーパーローカル」である。この二つの言葉を掛け合わせて「スーパーローカルアプリ」と称し、形にしていくのがよいだろう。

　このように、各関係者と連携しながら、地域開発が促進されるような施策を講じていくことが、地域の中核企業には求められている。

COLUMN

グランドデザインに合わせて継続的成果を測定する

2-5

　継続的成果とは、身体性や関係性などの非経済価値と、GDPや地価などの経済価値に関する定量・定性の成果の要素とその構造を指す。地域開発においては、産業規模や地価、関係係数、人口などが成果の要素

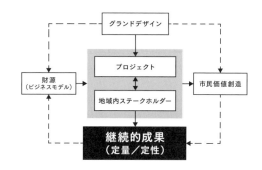

の例である。継続的成果は、グランドデザインの実現の道筋を示し、達成状況を評価する位置付けにあるため、共通の経済価値以外は独自に設定し、その構造を明らかにする必要がある。ここでは、経済指標としての地域産業、地価、そして社会的インパクト評価について共有したい。

地域の1,000億円産業とは

　継続的成果の要素のうち、経済価値としての地域産業創出について見ていきたい。地域の産業創出を最初に述べるのは、地域を再編するにあたって、そのガソリンとなる資金を持続的に用意しておく必要があると考えるからである。キャピタリズムにおける事業創造とは異なり、シェアリズムにおいて経済価値は目的にはならない。関係性を耕し、身体性を回復させることで得られる幸福こそが目的である。

　地域は「世界標準」のもの「一つだけ」に特化し、世界各地と直接取引することが重要だと第1章で述べた。その点を勘案すると、生み出すべき地

域産業は、最低でも1,000億円規模である。これは、世界の有名ブランドのOEMを請け負ったとしても、到底達成できない数字である。各地域が自らデザインやブランドの管理部門を設立し、産業全体で一体となり「ブランド」と「価格設定能力」を培っていく必要がある。

1,000億円規模の産業を創出できる可能性がある地域としては、金属洋食器の国内シェアが9割を超える新潟県燕市や、めがねフレームの生産で知られる福井県鯖江市などが挙げられる。しかし、現在はヨーロッパの有名ブランドのOEMが多く、到達しているとは言い難い。

第1章でも取り上げた今治タオルの産地、愛媛県今治市は、今治タオル工業組合による特産品のブランド化が功を奏し、一定の成果をあげた地域である（p.20参照）。今治タオルは、その品質の高さとブランディング戦略により、安価な海外製品に押されやすいタオル業界で独自の地位を確立した。結果的に2022年には全国タオル・ケット生産量において今治地域のシェアが約60％に達し、硬いタオルが多い海外でも人気商品となっている。今治タオル工業組合において、ブランドマネジメントの部署を設立し、品質基準とロゴマークの使用ルールを設けることで、ブランド価値を高め、タオル市場の中で独自のポジションをとることに成功した。よい特産品をつくるだけでは不十分であり、その高品質の製品をどのように伝え、届けるかをしっかりと管理し、ブランドとして信頼を国内外に築く必要がある。それを学ぶために、今治タオルは、多くの産業が参考にすべき一例である。

イタリアには各都市ごとに1,000億円産業がある

イタリアでは地方分権が進み、それぞれの地域が独立して稼ぐモデルを実現している。もともと都市国家を統合してできたイタリアは、都市ごとの特色を維持したまま発展してきたモザイク型の国である。国内には約8,000も

の都市（comune: コムーネ）があるといわれており、人口数千人から数万人の都市まで規模にはばらつきがあるものの、それぞれの地域レベルで自治組織としての長い歴史を持ち、産業を確立することで生き残ってきた。

例えば、包装機械産業におけるボローニャは模範的な都市といえよう。イタリアでは、従業員を多く抱える企業は高い税金を課される。そんな中、ボローニャでは数人から十数人規模の小企業が集積している。互いにネットワークを形成しつつ、各々が高い付加価値を生み出すことで、強靭な国際競争力を実現しているのである。ほかにも、パルマには「パルマハム」と呼ばれる生ハムの一種が、水の都・ベネチアには「ベネチアン・グラス」があるなど、各都市が1,000億円産業を持っている。

このように、イタリアの地方都市は人口が数千から数万人と少ないにもかかわらず、世界相手に1,000億円規模の付加価値を生み出す産業を擁することで、中央政府に依存せず、世界市場と直接対峙しながら発展を続けている。地域の次の100年の基盤づくりのためには、その原資となりうる産業が必要不可欠なのである。

地域価値におけるKPIとは

地域価値の評価は長期スパンで計測する必要があり、客観的な数字だけで測れる「富」ではなく、それぞれの主観も含まれた「豊かさ」を測ることになるため難しい。企業の場合は、企業価値に対しROIC > WACCという超過利潤を最大化するという経済合理性に基づいた明確な先行指標を設定することが可能である。しかし、地域開発の場合は、これとは異なり、独自の指標を開発する必要がある。ここでは従来の指標であった「地価」と、社会的な取り組みにおいて欧州を中心として資金調達や事業の評価・改善に用いられている「社会的インパクト評価」を紹介したい。非経済価値の1つである「関

係係数」については、「2-4 市民価値創造と『関係係数』」を参照いただきたい。

ROIC（Return On Invested Capital：投下資本利益率）：企業が投資した資本（株主資本と負債を含む）からどれだけの利益を生み出しているかを測る
WACC（Weighted Average Cost of Capital：加重平均資本コスト）：企業が資本を調達するために支払う平均的なコストを表す

「地価」は地域のKPIになるか？

　これまで地域において重要視されてきた指標は地価だった。なぜなら地価は、その地域において一般消費者が購入できる新築住宅価格や毎月定額で支払いが発生する賃貸に応じて定まっており、従って地価によって地域に住む人々の所得を推定できるからである。その変数をたどれば所得に行き着くため地域の「富」の指標とはなりうるものの、「豊かさ」の指標とは言い難い。これが「地価」を指標としてきた問題点の一つだ。

　もう一つは、過疎化が進む地域においては、住宅市場自体が存在せず、地域ごとに指標の精度に差があることである。なぜ、過疎化した地域に住宅市場が存在しないのか？ 地域においては築年数の長い物件が散見されるが、その物件は賃貸や売買を検討する際に用いる物件情報サイトにはほとんど存在しない。背景には、住宅市場の価格決定の仕組み、また買い手と売り手の双方に課題がある。

　日本の住宅市場では、土地と建物は別々に評価される。そのため建物にいくらお金をかけて改良を重ねていっても、その価値は個々の建物の質とは関係なく、法定償却されて毎年価値が落ちていく。いざ売却する段階になると、建物の価値は限りなく低く、土地の価値でしかなくなってしまう。これでは建物をメンテナンスし、売却する動機が薄れ、中古住宅市場が育たない。

　売り手／貸し手にとっては、過疎地域であるため土地の価値が低く、価格がつきにくいので売りに出す動機が生まれづらい。固定資産税が安く、維持

することにお金がかからないこともそのような住宅を生む要因である。また、住んでいなかったとしても、思い出があったり、盆や正月など年に数回だけ利用したりするため手放しづらい人もいるだろう。買い手／借り手にとっては、生活環境の改善を求めて地域に住みたいと考えたとしても、十分な収入を得られる働き口が見つからず、ニーズはあるものの実現しない状況にある。

このような背景から、需要・供給ともに安定しづらく、住宅市場がほぼ存在しないため相対でのみ取引が成立する地域がほとんどで、その地価は、国土交通省の「地価公示・都道府県地価調査」や「固定資産税評価額」などではその実情を正確に表すことは難しい。そのため、農地地域における耕作放棄地率や、宅地地域における空き家率など、その土地の状態を表す指標を複数用いて算出することが重要だと考えられる。

国内外で重要性が高まる「社会的インパクト評価」

地域における継続的成果の指標策定において参照できるのは、社会課題の解決を適切に評価するために開発された手法「社会的インパクト評価」である。
社会的インパクト評価は、事業や活動が社会や環境に及ぼす影響を定量的・定性的に評価する手法であり、社会課題の解決への貢献と事業の社会的成果の向上を目指している。このアプローチは、計画、実行、分析、報告・活用の4つのフェーズに分かれ、事業のロジックモデルの策定、アウトカムの設定、測定方法の決定、データ収集と分析、改善策の実施と報告という7ステップで構成されている。評価の目的は、外部の利害関係者への説明責任を果たすこと（Prove）と、事業や活動の学び・改善に活用すること（Improve）にある。

2014年、社会的インパクト投資をグローバルに推進するため、「G8社会的インパクト投資タスクフォース」がイギリスのキャメロン首相の呼びかけ

で発足した。日本では国内諮問委員会が設立され、各界有識者がインパクト投資における基本的なガイドライン策定のために協議を進めた。この動きは、2015年にGSG(The Global Steering Group for Impact Investment)と呼ばれる、人々や地球によりよい影響を与えるインパクト投資を推進するグローバルなネットワーク組織へと発展し、現在も活動を続けている。

日本では、2016年に政府の経済財政諮問会議が「経済財政運営と改革の基本方針2016 ～ 600兆円経済への道筋～」（骨太方針）を発表し、その中で「社会的成果（インパクト）評価」の促進が明記された。これに加え、「ニッポン一億総活躍プラン」「まち・ひと・しごと創生基本方針2016」「日本再興戦略2016」「未来投資戦略」などでも社会的インパクト評価・投資が政府の基本方針として位置付けられ、国内での取り組みが増加している。

社会的インパクト評価の具体的な事例として、イギリスのリバプールに拠点を置く社会的企業FRCグループがある。FRCグループは、若年者や失業者に対して中古家具のリサイクルや家具の製造・販売事業を通じた職業訓練・自立支援を提供している。FRCグループは、職業訓練と自立支援事業の社会的価値をSROI（Social Return on Investment）を用いて計算し、「ソーシャル・インパクト・レポート」にて公開している。このレポートは、1ポンドの投資に対して2.49ポンドの社会的成果を生み出したと報告しており、職業訓練の修了者・就職者の割合や訓練時の満足度などの代理指標を用いている。

これらの動きは、社会的インパクト評価と投資が、世界的にも国内でも重要性を増していることを示しており、社会的課題の解決に向けた具体的かつ効果的なアプローチとして認識されている。

地域が乗り越えるべき二重経済問題

地域価値を向上させる上で避けては通れない課題についても最後に共有し

ておきたい。それは、地域内の重要な資源を活用したモノ・サービスについて、市民と観光客とで異なる価格設定を行うという点だ。

　地域開発においては、その地域内の物価で物事を考えてはいけない。ホテルの滞在費から食事、アクティビティに至るまで、事業創造に従事してきた私たちからすれば低めの価格設定をしているケースが散見される。市民が顧客である場合は、現在設定している価格を上げてしまうと周囲の店との価格差が生まれ、「高すぎて買えない・使えない」という声が出てくることだろう。そこで、市民と観光客とで異なる価格設定にするのだ。

　地域における観光資源の維持コストを支払っているのは、市民および関係者である。一方、観光客は一時的にその地域を訪れ、観光資源を堪能して帰っていく。観光客と市民とでは、地域資源を維持するために支払っているコストが全く異なるのだ。これが地域が乗り越えるべき「二重経済問題」である。

　観光庁は一度の旅行で100万円以上使う旅行者を富裕層と定義しているが、私たちは100万円という金額は少ないと考える。最低でも500万円以上使う旅行者を富裕層と呼びたいところだ。現状、国内で観光客価格と地元価格を明確に分けている地域は少なく、日本は「品質が高いものを安定的に安く買ったり体験したりできる国」として世界に知られつつある。これにより短期的には外国人観光客（インバウンド）が増加し、収益につながっているかもしれないが、安売りでは長くは続かない。実際、京都には多くの外国人観光客が訪れるが、境内が破損したり、街歩きの際にポイ捨てや座り込みなどが増えたりと、インバウンドによる収益より維持してきた観光資源の毀損の方が目立つ事態となっている。

　一方、フランスの一大リゾートであるニースでは、観光客と市民とで店が明確に分けられており、価格も10〜100倍の差があるという。イタリア北部の運河の街・ベネチアでは、2024年から日帰りの観光客に対する入場料

制度を導入した。入場料は1年の中でも旅行者が多い週末を中心に設定され、観光客は1日の混雑具合に応じて5ユーロ（約820円）の入場料を徴収されることになる。観光産業のあり方を変えていくのに、ヨーロッパのマーケティングは非常に参考になる。

まとめ

地域開発におけるグランドデザインの成功を評価するためには、経済的および非経済的指標を用いた継続的な測定が必要であり、地域特有の社会的インパクト評価を通じて、具体的な成果を設定、評価、分析することが有効である。

- 経済指標としての地域産業：地域は「世界標準」の製品やサービスに特化し、1,000億円規模の産業を創出することで、グローバル市場において直接取引を行うことが重要である。
- 経済的および非経済的指標の利用：地域内GDP、人口、地価などの経済指標とともに、社会的インパクトなどの非経済指標を用いて地域開発の効果を測定する。
- 二重経済問題の対応：市民と観光客とで異なる価格設定を行うことで、地域内の資源を活用しながら経済的利益を最大化し、観光資源の維持コストに対する負担の公平性を保つ。

COLUMN

新しい観光業の形

山口揚平

　京都の洗礼を受けるのは、決まって駅からのタクシーの中である。

　その日私は、午後3時に「とらや」の一条店で待ち合わせをしていた。駅でタクシーをつかまえ、急いで乗り込む。高齢の運転手が「どこ行かはります？」と、のんびりした口調で聞く。京都ではナビも電子決済もほぼ使われないことを思い出し、丁寧に場所を伝える。東京のように町名や番地を言うことはない。京都では必ず通りの名前でなければ伝わらない。欧米ならばストリートやアベニューを伝えるのは当然のことだが、東京で暮らしているとそのことを忘れてしまう。都市とは、人々の道の交点から生まれるものだ。所在地でなく「通り」を伝えるのは、どこの国でも自然なことなのだ。

　タクシーとは基本的に急いでいる時に使うものだが、京都ではそれは通用しない。京都には独自のリズムが存在しており、街がそのペースを崩すことは決してない。だから京都を訪れたら誰もが京都に合わせてチューニングをする必要がある。東京ではYouTubeを2倍速で、Netflixを1.5倍速で見ていたとしても、京都では速度を半分に落として身体を整える。

　四条烏丸を抜けたあたりで身体が京都のリズムに慣れてくる。訪れた「とらや」は17組待ちで、待合室にはまるで試験会場のように机と椅子が並んでいてなんとも緊張感がある。「とらや」の持つ東京の合理性と、それに対抗する京都の時間軸の不可解な融合に触れ、心がむずがゆい。10分ほどで席に通され宇治抹茶氷を食するが、お腹を下す。

　すぐ近くにある京都ブライトンホテルに早々にチェックインする。静かな

住宅街に佇む小ホテルの宿泊棟は、簡素だが京都ならではのホスピタリティがあり、安心と癒しを与えてくれる。特に朝食は絶品である。スタッフとのコミュニケーションには「おもてなし」では簡単に片付けられない様式美があり、外様が踏み込まざるべき一線があり、複雑な文化を形成している。京都滞在の本質は、モノ・コト・ヒト、それら全てを通して滞在者の心を整えてくれることにある。

　さて、京都が京都足りえたゆえんは、その地勢にある。琵琶湖から淀川を通って瀬戸内海に流れ出るこの盆地は、気温・降水量の年間の変化が大きく、四季折々の姿を見せる。世界最高峰の文化都市はこうして生まれ、今も文化と伝統の承継を続けている。それでも2021年の祇園祭は最小限に抑えられ、京都人の中には祇園祭を疎ましく思う人も増えていると聞く。つまり、伝統・文化・様式美は廃れつつある。
　観光業は国を滅ぼす「下の策」であり、労働集約的で安易な打ち手である。京都も10年にわたって歴史ある町屋の安易な改装によるゲストハウスを建ててきた。それらはコロナ禍でアジアからの旅行者がいなくなると同時に潰れていった。次は失敗は許されない。新しい観光業の形を必ず成功させなければならない。しなやかに、そして京都らしくしたたかに……。なんといっても外国人観光客の3割が京都を目当てに訪日するのだ。
　観光庁による「富裕層」の定義は1回の旅行で100万円以上使う人だそうだ。欧州から極東日本にやってくる観光客は、少なくとも10日は滞在する。夫婦と子どもの計3人が10日間滞在するとして、100万円を3人で割ると1日あたり3万円ほどである。これでは全く高いとはいえない。富裕層は1,000万円使う層のことだと定義し直さねばならないだろう。富裕層に向けたハイエンド・ハイマージンの体験提供こそが、京都の財政難を救い、文化都市の承継を支える最初の一手である。だがこれは慣習上、簡単ではない。

日本は、古くから二重経済である。米（石）とカネ（両）を通貨とする２つの経済が存在した。前者は生活経済をともに支えるために存在し、後者は資本投下による大規模改革に使われる。つまり、日本ではシェアリズム（共和主義）とキャピタリズム（資本主義）が歴史的に同居している。安倍政権の間だけで4.5倍にも膨らんだ円の量（マネタリーベース）でインフレが起こらないのは、吉野家の牛丼もニトリの家具も、前者の生活経済に立脚しているからだ。一方、刷られたものの行き場を失ったカネは株や不動産へ流れるから株価は暴騰するのである。

　京都における観光戦略の第一歩は、京都での生活経済と観光業におけるキャピタリズムを切り離すことだ。都市を支えるのは数百億円から数兆円の産業であり、それらは二重経済の上の層、つまりキャピタリズムに属する。世論をはばからずに私の自説を語るなら、新型コロナ後の観光業は、薄利多売のゲストハウス型から、高い利益率を狙える高付加価値産業に絞り込まなければならない。生活経済から発想すると１泊20万〜30万円という価格設定には引いてしまうかもしれないが、富裕層にとっては濃密な時間を楽しむための対価として受け入れられることだろう。価値を決めるのは相手であり、価格は提供者に誇りと規律をもたらす。そして生まれる利潤は文化承継への財産となるのだ。

　今、京都は新しい観光業の姿を必死に模索している。産業は変わっていく。しかし、決して変えてはいけないものがある。それが文化であり記憶である。あるいは身体知で承継される産業基盤である。その全てが京都の土地にたたみ込まれていることを我々日本人は忘れてはならない。

　2021年に東京オリンピックは終わったが、その裏で静かに行われ、じわじわと日本が順位を下げている技能五輪国際大会の行方の方が私は心配である。

COLUMN

2-6 長期的に開発予算を確保できる財源（ビジネスモデル）とは

最後に取り扱うのは長期的な地域開発を支える財源（ビジネスモデル）である。財源は、ステークホルダーに対して予算の使い道とそのリターンについて納得性の高い説明を提供することによって確保される。このた

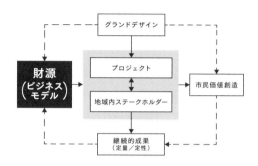

めには、効果的なビジネスモデルが不可欠である。ここでいうビジネスモデルとは、特に地域外から資金を獲得し、地域の資産価値を向上させる仕組み

地域開発のビジネスモデル

● 長期的に地域開発の予算が確保できるビジネスモデルは以下の4つである。

1. 村民権方式（第二市民制度）
   〜関係人口から年会費を預かりまちづくりを共に行う〜

2. 不動産方式
   〜地域資産を小口証券化し流動化させる〜

3. DMO・自治体
   〜行政の制度を活用し予算を確保する〜

4. 基金運用方式
   〜産業の維持継続のため事業と人材開発を業界全体で行う〜

出所：ブルー・マーリン・パートナーズが独自に作成

を指す。地域の取り組みにおいてクラウドファンディングなども活用されているが、本書では長期的に開発予算が確保できるものに絞って紹介したい。取り上げるのは、関係人口から年会費を預かりまちづくりを共に行う「村民権方式」、地域資産を小口証券化し流動化させる「不動産方式」、行政の制度を活用し予算を確保する「DMO・自治体方式」、産業の維持継続のための「基金運用方式」の４つである。

ビジネスモデル１．村民権方式（第二市民制度）

　私たちが提案する関係人口を増やす施策として「第二市民制度」がある。住民票を置き住んでいる人々を第一市民としたとき、住んでいるわけではないものの頻繁にその地域を訪れる人々を「第二市民」とする制度である。市民が支払う住民税の代わりに、年会費を支払って参加してもらうのもいいだろう。

■ 移住の前のお試し期間をつくる

　第二市民制度を導入する狙いは、地域との継続的な接点をつくり、交流のハードルを下げることにある。人口減少に悩む各地域では一足飛びに移住者を求めがちだが、都市圏に暮らす人々が地域へ一気に移住するとは考えづらい。そこで、まずは観光客として訪問してもらい、２週間から１カ月ほどのお試し移住や、すでに住んでいる場所と地域の二拠点生活といった段階を踏んでもらうのだ。

　この際、第二市民として地域を身近に感じられ、かつ離れていても訪れやすくなるような特典を設けておくといいだろう。例えば、第二市民限定の定期バスの割引や電車の優待があれば、地域を訪問する上での利便性を引き上

げ、訪問にかかるコストを下げることができる。車や住宅の費用など新しく生活を始める際にかかる費用負担や、不在時の住宅や畑、車の管理コストなども含めて定額で提供することで、移住に対する時間的・金銭的なハードルを下げる施策も必要不可欠だろう。ほかにも、地域の特産品を実家から送られてくる仕送りのような雰囲気で包装し、定期的に送ることでその地域をより身近に感じられるだろう。また、定期的に町の様子を伝え、今チャレンジしている事案についてのアドバイスを受ける時間とする「第二市民交流会」を開催し、地域の意思決定に関与する機会を設けるのもよいだろう。地域での生活を始めるためのコストを全て含めた形で定額にて提供しながら、遠く

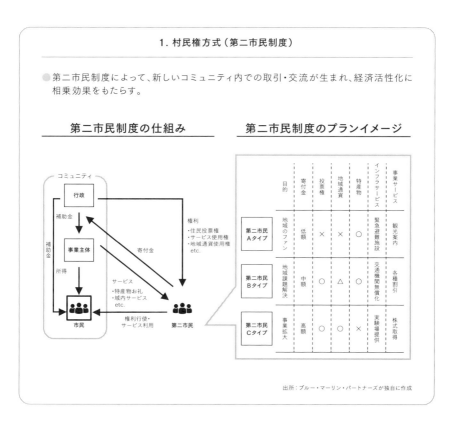

に住んでいたとしても心理的な距離が縮まる状況をつくることだ。

■ ヴァーチャル村民専用アプリの活用（岡山県西粟倉村）

　岡山県西粟倉村では、村と地域外の人々をつなぐヴァーチャル村民専用アプリ「西粟倉アプリ村民票」を2019年にリリースした。年会費は無料で、登録のみで利用できる。これまでにも自治体による情報提供を目的としたアプリはあったが、「西粟倉アプリ村民票」の特徴は関係人口の創出に焦点を当てている点だ。利用者はこのアプリを通じて、村の情報をチェックするだけでなく、イベントの申し込みやクーポンの取得などを手軽に行うことができる。

　アプリをリリースした2019年度には、村の産品のサンプリングとアンケートを実施。2020年度には村の総合振興計画に対して関係人口の意見を取り入れるためのアンケートを実施するなど、関係人口とのつながりを意識した取り組みを推進してきた。さらには村の求人情報など、移住促進に役立つコンテンツも定期的に発信している。アプリの登録者数は1,420名を突破（2021年6月時点）し、これは西粟倉村の人口とほぼ同じである。関係人口の創出に寄与している事例だといえるだろう。

　また、岩手県遠野市では定住促進組織「で・くらす遠野」を設置している。移住希望者が必要とする情報を一元的に集約し、移住計画段階から実際の移住・定住までをワンストップでサポートする体制を整備した。年会費を払うことで、「で・くらす遠野市民制度」に参加し、市民証や広報誌、特産品を受け取ることで遠野を身近に感じることができ、移住・定住につなげていく取り組みを実施。2006年から2016年までに160人が移住した。

ビジネスモデル２．不動産方式

　地域開発では、コンセプトに応じた長期開発が必要不可欠である。そのため不動産ファンドを設立し、長期投資が可能な体制を構築した上で開発を進めることが都市圏では定石であった。土地や不動産、施設利用権などを小口証券化・流動化させ、顧客として販売することで、配当や売買益だけでなく、節税効果も見込めるビジネススキームである。そうすることで富裕層から資金を調達しやすくなり、単年度の予算の多寡に左右されない、長期的で統合的な開発が可能となる。

2. 不動産方式

- 土地や不動産、施設利用権などを小口証券化・流動化し、顧客として販売するビジネスモデルである。
- 配当や売買益だけでなく、節税効果も見込めるスキームのため、富裕層から資金を調達しやすい。

不動産方式のビジネススキーム

出所：ブルー・マーリン・パートナーズが独自に作成

● 不動産の高付加価値化

　地域開発における大きな課題の一つに、中古物件の売買・賃貸の市場が存在しないことがある。また、「2-5.継続的成果」に詳しく記載していることだが、地域において空き家を賃貸や売買できる状態にまで持っていくことも難しい。そのため駅の周りや市街地のエリアをのぞいては、物件情報が十分に集まらず、市場価格が設定できるような状態にまで到達しない。従って、売り物件は言い値となり、流動性も低いため、過疎地域になるほど不動産投資を集めづらい状況になる。

　そこで登場したのが、行政主導で実施されている「空き家バンク」の取り組みだ。空き家バンクとは、空き家物件情報を地方公共団体のホームページ上などで提供する仕組みである。行政側は地元の広報紙やホームページなどで空き家情報を広く募集し、移住希望者に向けて物件情報を提供する。都心に暮らす人々が手軽に地域の空き家情報を入手できる利点がある一方で、行政が担うのは空き家の紹介と改修のための補助金の交付までなので、地域のコンセプトに沿った改修までは手が回らない。地域の統合的な再開発には寄与しづらいのだ。

　そこで私たちは、地域の方針に基づいた高付加価値の不動産開発のために1〜5億円規模の不動産ファンドを立ち上げ、改修資金を確保し、地域の空き家や土地を一括で買い取った上で、コンセプトに沿った形で改修し、土地全体の価値を向上させていく方法を提案したい。こうした形式を取ると買い取った拠点の売却先は外資系企業になることも多いのだが、地域の高付加価値の不動産を外資に売却することは域内の資産を国外に流出させることになるため、本来であれば望ましくない。地域の中核企業が買い取ることが理想だが、難しい場合は地域の金融機関や中核企業が共同で設立したSPC（特定目的会社）に対して売却することで、外資系企業への資産流出を防ぐことが

できる。このようなスキームを活用することで、地域全体の投資資金を確保し、地域内で資産を保有しながら再開発を進めていくことができるのだ。

　地域における高付加価値の不動産とは、例えば沿岸地域ではマリーナをはじめとする湾岸施設であり、山間部では太陽光や風力、水力などの発電所である。リゾート地域ではホテルの可能性もある。100年続く地域の基盤づくりのためには、地域のグランドデザインに基づいて、最も価値が高い不動産を特定し、集中的に投資することが肝要だろう。なぜなら、ランドマークになり実際に集客機能を有する施設をつくり、その効果を地域内外の人たちに示せなければ、エリア全体の統合的な開発には踏み込みづらいからである。エリアの景観についての規則を設け、統合的な地域開発を図りつつも、「〇〇のような雰囲気にしよう」と町のお手本になるような施設が必要不可欠なのだ。

　一般的なマリーナのビジネスモデルは、船舶を係留できる区画を一定の期間（6カ月、1年間など）提供し、停泊料を船舶オーナーから得るものである。価格は船舶や区画の大きさによって変動する。マリーナによっては船舶のメンテナンスやそのために必要な器具のレンタル、ボートレンタルなどのビジネスを並行して行っている。

　山間部においては、政策や補助金の後押しもあり、太陽光発電所や風力発電所の開発が盛んに行われ、一般市民から企業までが投資できるファンドがつくられてきた。欧州で数十年前から注目されているESG投資では、現在も自然エネルギー発電所への投資が大多数を占めている。しかし、代替エネルギーの環境保全に配慮しない発電所の開発が進んだことで、投資家たちは十分なリターンを得たが、大雨の際には土砂崩れが多数発生するなど、その土地や周辺の不動産価値は下がる結果となった。

　投資価値が高く、地域全体の価値も向上させる不動産として近年関心を集めているのが、バイオマス発電所である。バイオマス発電には間伐材を使用

できる上、熱利用も可能であり、発電効率がよい。林業が盛んな地域において、山間部の新しい不動産投資として普及し始めている。

● 不動産価値に連動した「地域通貨」を活用する

　不動産方式で特筆しておきたいのは、「不動産価値に連動した地域通貨」である。地域通貨とは、通常の法定通貨とは異なり、地域内でのみ使える通貨のことだ。使用範囲と用途が限定されるため、域外の資本の獲得と域内循環量の維持を期待できる。地域通貨を導入した地域は数多くあり、2000年代からリーマンショックなどによる法定通貨の価値の揺らぎに反するようにブームが起こるものの、短期間で活用が消滅してきた過去がある。

　地域通貨の課題は大きく分けると2つある。一つは、法定通貨を超えるインセンティブの設計。もう一つは、運営維持費の捻出である。

　現在の日本の法定通貨である「円」は、日本全土においてほぼどこの店でも利用できる。一方、地域通貨は特定の地域の加盟店のみで利用できる通貨であるため、利便性ではどうしても法定通貨に代わるほどのインセンティブが湧きづらい。ポイント還元や二次元バーコードなどによる決済の簡便化など、現在もさまざまな方法が用いられており、このプロセスは仮説検証しながらインセンティブ設計を洗練させていくほかないと考えられる。

　2つ目の運営維持費の捻出について考えてみたい。法定通貨は発行と管理を日本銀行が担い、運用については、記帳や申告、換金など、私たちがコストと認識していない形で国民全体が拠出している。一方で、地域通貨は、換金や帳簿などを新たに住民に依頼する必要があり、運営団体においては発行と管理にかかるコストが必要となる。コロナ禍では、緊急経済支援の一形態として地域通貨のポイント付与という形で広がった。

　その後の持続的な運営体制には議論の余地がある。昨今では行政が緊急経

済支援の予算から地域通貨の発行・管理コストを捻出しているが、捻出し続けられるとは考え難い。

　上記２点の課題を解決する方法として私たちが提案したいのは、二次元バーコードと地価に連動した法定通貨との交換価格決定の仕組み、およびバスや電車の割引利用などの提供によって「卸効果」を狙い、そこから運営費をまかなう形式である。

　地価に連動して法定通貨との交換価格を決定する仕組みを導入する場合。例えば、外貨との為替のように、市区町村の平均地価に応じて日々交換レートが変わっていく。地域通貨を発行する際に受け取った日本円を使って地域の空き家を改装する事業者に貸し付けるなど不動産価値を上げる動きをしながら、地域通貨の流通によって域外への貨幣流出を防ぎ、取引高を示すことで地域の民度の高さをアピールしていく。このような循環の中で、通貨を使うほどに地域が潤い、地域の価値が上がることで地価も上がる、というサイクルができあがる。「法定通貨から地域通貨に変えるだけで、地域がよくなる」ことを通して、地域通貨を活用するインセンティブを設計するのである。

　「卸効果」による手法とは、航空会社が発行しているマイレージの仕組みに活用されているものである。一度のフライトにおいて航空会社が負担する費用は大きいが、乗員が数十人増えたからといって大きく変わるわけではない。また、消費者の価値認知は非日常性が高く、ブランド価値があるため、消費者側の支払う単価を原価に左右されることなく高く設定できる。このように、限界費用が小さく、非日常なモノやサービスを地域通貨の発行母体があらかじめ仕入れた上で利用者を増やし、該当のモノやサービスの利用を促すことで、その差額を利益とすることが可能である。地域通貨を発行する際には、アルゴリズムやアプリケーションの設計よりも、その地域通貨において独自に使えるモノやサービスを用意し、目玉のモノ・サービスにおいて利益が出るような設計をすることの方が肝要なのである。

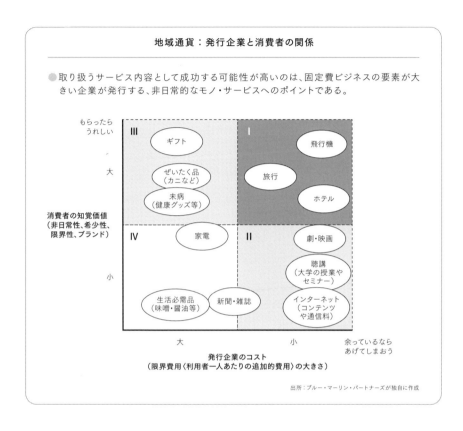

地域通貨の3つの用途

　地域通貨には大きく分けると3つの用途が存在する。円との短期間での換金を前提とする「ペイメント系」、ブロックチェーンを基盤にコインを構築し、ICO（Initial Coin Offering：仮想通貨の発行）をすることで円との換金性を担保しながらも原則はコイン内での交流を前提とする「独自通貨系」、そして円との換金性を持たない社会関係資本などその他の資本を強化することに特化した「社会関係資本の構築特化型」である。

ペイメント系「eumo（ユーモ）」

　2020年にサービスが開始されたeumoは「共感コミュニティ通貨」をうたっており、チップとメッセージ機能がある。人とのつながりや感謝の気持ちなど、共感を可視化し「気持ちを伝えること」を楽しめるサービスだ。有効期限が設けられており、チャージ後は3カ月を目安に失効するため、通貨の利用が促進される。また、失効通貨は利用ユーザーと店舗の社会貢献活動へ付与され、その循環した通貨が公開されるシステムになっている。eumoに加盟した店舗は、店舗のサービスや商品の購入に使われたeumoを日本円に換金することができる。

独自通貨系「PEACE COIN（ピースコイン）」
　2018年6月に設立されたPEACE COIN OÜが、ブロックチェーン技術を駆使した取引などのサービスを提供する、感情とトークンエコノミーを連動させるというブロックチェーン業界において世界的にもイノベーティブな暗号通貨である。個人間だけでなく、企業や家庭、地域社会といった幅広いコミュニティで使用できる。2018年より実証実験をスタートし、地域コミュニティや企業団体において、PEACE COINをベースとしたオリジナルコインを発行し、地域通貨・コミュニティ通貨としての導入を進めている。2020年12月には、世界でトップクラスの仮想通貨取引所であるLBankに上場。米ドルと連動している仮想通貨、USDT（Tether Limited社が発行するステーブルコイン）との取引が可能となり、多少手続きは煩雑だが、日本円に換金することも可能である。

社会関係資本の構築特化型「まちのコイン」
　面白法人カヤックが開発した「まちのコイン」は、人と人、地域と人のつながりである社会関係資本を可視化する目的の地域通貨である。まちごとに愛着を感じるような通貨名（神奈川県鎌倉市では鳩が由来の「クルッポ」、東京都渋谷区はハチ公が由来の「ハチポ」など）と、まちのビジョンや課題に合わせた利用目的を設定し、人流を促しコミュニティの活性化を目指す。これにより、住民がまちの課題に取り組みやすくなったり、まちの個性を伸ばすことになり、ひいてはシビックプライドを高めることができる。それが「よいまちをつくりたい」という循環を生むと考えている。
　「まちのコイン」の注目すべき特徴は3つある。まず、円への互換性を持たないことである。利用者は、地域の店の助けになるようなことやボランティアイベントへの参加など、まちにちょっとよいことを通してコインを獲得し、獲得したコインを使って地域のコミュニティに参加できたり、賞味期限が近

い食品を分けてもらえたりと、ちょっとお得な体験やお金では買えない特別な体験をすることができる。

次に、地域ごとに異なるテーマに重点を置き、そのまちにコミットした使い方ができる点である。例えば、神奈川県鎌倉市では、まちのコイン「クルッポ」を「鎌倉市SDGsつながりポイント事業」として環境問題などの課題解決に活用している。一方で、滋賀県のまちのコイン「ビワコ」は県内の市町をまたいで利用でき、県全体で関係人口の創出を目指している。この取り組みは「令和5年度 全国知事会 先進政策バンク」の総合部門で優秀政策に選出された。

社会関係資本の構築に特化した地域通貨（例）「まちのコイン」

- 面白法人カヤックが手掛ける「まちのコイン」は、社会関係資本の可視化を目指す地域のコミュニティ通貨である。
- まちのビジョンや課題に合わせて、SDGsの推進や地域コミュニティ活動の促進、関係人口の創出など多様な目的に沿った活用ができる。
- 2024年3月現在、全国22地域で運用されており、登録ユーザー数は約10万人にのぼる。

「まちのコイン」アプリの操作画面	「まちのコイン『クルッポ』（鎌倉市）」の活用例

ゲーミフィケーションを活用し、体験の参加頻度のランキングが発表されたり、コインが増えるとレベルアップしたりと、楽しみながら、自然に地域の人や地域活動に触れる機会を創出できる。	神奈川県鎌倉市では「まちのコイン・クルッポ」をSDGsの達成に向けて活用している。例えば、ビーチクリーンやゴミのアップサイクル活動に参加するとコインを獲得できる。獲得したコインは、リユース商品と交換できたり、フードロス対策として、余剰野菜や賞味期限間近の食品をもらったりすることに使える。

出所：ブルー・マーリン・パートナーズが独自に作成

また、導入・運営費用が比較的手が届きやすい価格設定で、加盟店もユーザーも無料で利用でき、さらに還元するポイントや値引き分の原資が不要な点も、持続的なサービスとして機能する魅力であろう。

ビジネスモデル3．DMO・自治体方式

　地域開発の最も一般的な進め方は、自治体の主導で予算を獲得して推進することだろう。だが、自治体による地域開発推進には縦割り組織による統合的な開発の難しさ、単年度予算による超長期の大規模投資の難しさなども存在する。そのため、先述した地域開発を推進するコンソーシアムが自ら計画を立案し、その計画に沿った予算を自治体へ申請する方式を取る方が、統合的な開発は進めやすい。その役割を、官民が連携して観光地域づくりの司令塔の役割である観光地域づくり法人（DMO: Destination Management Organization）が担うことも多い。それでは、自治体が担える中心的な役割とは何なのか？　それは民間企業や教育機関が拠出しづらい領域に対する予算付けにあるのではないだろうか。

■ 官民連携による体制構築が必要

　近年、貧困家庭における子どもの教育不良や、それに伴う貧困の連鎖が深刻化している。こうした問題は、民間の学習塾や公教育ではフォローしきれない。なぜなら、問題は確かに深刻だが、民間にとっては顧客単価が高い領域に注力することが重要であり、公教育において重要なのは平均値を引き上げる動きに注力することだからだ。

　このように深刻でありながらも対処が難しい課題に対して、国が方針を出し、予算付けしたものを、自治体は地域の現状に則って予算を獲得し、執行

することが可能だ。行政が地域の課題を掘り起こし、予算を獲得することで、初めて着手できる開発領域があるのである。

　一方で、行政は獲得した予算について問題なく実行することに注力するあまり、新規性が高く未来創造に関する領域については、予算を見立てて超長期の目線で実行していくことが困難な場合がある。そこで出てくるのが、官民が連携した「体制」の構築である。地域に存在する多様な関係者を巻き込んで、組織をつくるのだ。関係者ごとの動機を理解し、適所に配置することも重要である。

■ コミュニティ開発を促進するアメリカのCDFIs

　地域全体の再開発に取り組むプロジェクトに、アメリカのコミュニティ開発金融機関（CDFIs: Community Development Financial Institutions）がある。CDFIsとは、政府や銀行、財団などから資金を調達し、得られた資金をNPOや社会的企業、零細企業などに融資することにより、コミュニティ開発を促進する機構である。金融機関にとってCDFIsへの投融資は減税対象であり、国から認定を受けたCDFIsには民間調達分と同額を国が補助する（レバレッジがかかる）仕組みだ。

　CDFIsは、地域に根付いたNPO、教会などの組織や地域の行政・企業・金融機関などのネットワークを活用し、地域の実情に合わせた社会課題解決型ビジネスを展開している。低所得層のための公営住宅の提供や公的な都市空間の確保など、地域開発事業を支援している事例がある。

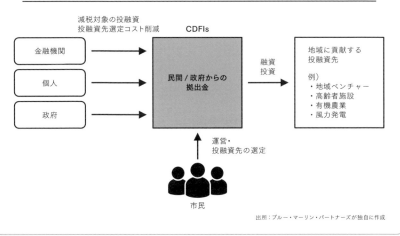

ビジネスモデル4．基金運用方式

　地域において超長期の投資を促すものに基金運用方式がある。不動産方式においてもファンドの設立を挙げたが、今回「基金」と表現したのはその目的と回収方法に違いがあるからだ。

　基金運用方式の目的は「基金を運用することで、産業の維持継続を図っていくこと」である。ファンドはリターンの大きさを追求する場合が多いが、これから説明する地域開発や伝統産業の承継においては、大きなリターンを得ることより続けることの方が難しい。よって、リターンの最大化ではなく、

維持継続のための仕組みが必要になる。

ここでは私たちが構想する2つの基金についてお伝えしたい。

①地域開発基金

基金として想定しているものの1つ目は地域開発基金である。地域主体型の地域開発が進む中、地方自治体や地方銀行、地元企業、市民が一体となって、地域の独自性を活かした地域開発を目的とした基金を創設するのだ。地方銀行預金の使われ方をあらかじめ設定しておき、金銭的リターンや

4. 基金運用方式｜地域開発基金

- 地域主体型の地域開発が進む中、地方自治体・地銀や地元企業・市民の三位一体で、地域の独自性を活かした新しい地域開発を目的とした基金を創設する。
- 地方銀行預金の使われ方をあらかじめ設定し、預金者それぞれが使用方法を選択でき、金銭的リターンやコミュニティリターンなど地域の関係者の預金意欲を高める仕組みを設計する。

地域開発基金のスキーム

地域の企業・プロジェクト ←融資・投資／返済→ 地域開発創造ファンド（地銀、行政、民間）

事業性評価だけでなく、市民（預金者）の地域ニーズに基づいて条件（融資枠・金利等）を決定

預金者 →預金→ ファンド

希望する預金の使用方法をチェック（低・中・高）
- 教育：中
- 飲食：中
- ITインフラ：高
- 地域開発：高
- 福祉：中

預金者のメリット
・金銭的リターン
・コミュニティリターン
・貢献欲求の充足

出所：ブルー・マーリン・パートナーズが独自に作成

コミュニティリターンなど地域の関係者の預金意欲を高める仕組みを設計する。使用方法は預金者が選択できるようにする。これにより眠っている預金を有効活用することができ、さらに預金者の指向によって分配方法を決めることで、民主的な地域開発が可能となるのだ。

似た制度に「民間公益活動促進のための休眠預金等活用」がある。法律によって、一定期間を超えて預けられ続けた金額を公益活動のために活用する制度である。この制度によって多数の活動が支援されているものの、まだまだ多くの公益活動が支援を求めている。

地域で独自に運用することができれば、地域のさまざまな活動を補助することができるのである。

②事業承継基金

もう一つの方式は、人材育成に焦点を当てた基金である。日本の伝統産業をイメージしてもらいたい。日本の伝統産業は、その繊細な技術と長い歴史が世界中から高く評価されている一方で、現代においては継承者不足という深刻な課題に直面している。この問題に対し、全国各地の行政団体が支援事業などを通じて伝統産業技術の継承者育成に努めている。しかし、あくまでも限られた期間に一定の額が研修費や生活費として給付されるにとどまり、長期的な人材育成につながっていないという課題がある。伝統産業の職人となるためには、長い時間をかけて高度な技術を学ぶ必要があり、個々の事業者が単独でこれらの投資を行うことは非常に難しい上に、行政団体が短期的に支援することで解決するものではない。その結果、技術の承継が途絶え、産業全体がさらに衰退するという悪循環に陥っている。こうした衰退期にある産業において、人材育成に対して各自が単独で投資を行うことは困難である。そのため技術が承継されず、衰退期の産業がさらに衰退していくという

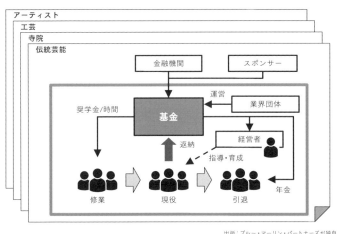

サイクルに陥っているケースが多い。そこで、業界団体や地銀などで基金を設立し、業界全体で人材育成を進めていくための枠組みをつくるのだ。

　給付対象者には、技術を習得するまでのいわゆる修業期間において、生活費の補填を行う。一人前の職人となった後は、収入のうち何割かを売り上げに応じて返済してもらうのである。この仕組みが従来の奨学金と異なるのは、貸付ではなく成功報酬である点だ。ある産業において、成功するのは先導する企業のみの場合も多く、それ以外の企業や個人は食べていくのが精一杯の状況にある。投資の世界においても「千三つ（せんみつ：千試して三つが当

たる)」といわれるように、給付対象者の全員が一律で十分な収入を得られるとは考え難い。収入に応じた成果報酬形式を採用することで、投資回収を確保しながらも、給付者の負担を軽減するのである。

　現在この制度が確立している例としては、寿司屋が有名だろう。寿司業界では、丁稚奉公をして生活できるだけの給与をもらい、のれん分けした後は、修業元の寿司屋に売り上げの一部を支払うという形式をとってきた。人材を育て、その後のリターンを得る制度が確立しているからこそ、店の数を増やすことができたのだ。

> **まとめ**
>
> 本章では、100年続く地域の基盤づくりに焦点を当て、長期的な財源を確保するビジネスモデルについて探求している。特に地域外からの外貨獲得と地域資産価値の向上に注目し、その顕在化(金銭化)を可能にする仕組みを4つ紹介した。
>
> ① 関係人口から年会費を預かりまちづくりを共に行う「村民権方式」
> ② 地域資産を小口証券化し流動化させる「不動産方式」
> ③ 行政の制度を活用し予算を確保する「DMO・自治体方式」
> ④ 産業の維持継続のため事業と人材開発を業界全体で行う「基金運用方式」

COLUMN

京都府における伝統承継基金

山口揚平

　東京が世界5大都市の一角を担うならば、日本の精神的中核は名実ともに京都である。東京は早晩、日本から独立するだろう。ロンドン、パリ、ニューヨークと並んで、ファッション、アート、金融、知識、食の最先端が集まるメトロポリタンシティを目指すしか道はない。それは日本の一部でなく、世界の一角となる。

　2040年に起こるといわれているシンギュラリティに向けて、日本はどのように舵取りをするべきなのか。冗談半分ではあるが、私はソフトバンクの孫正義氏あたりが実権を担うかもしれないと考えている。シリコンバレーにおいても、約20兆円を運用するベンチャーキャピタル「ソフトバンク・ビジョン・ファンド」の影響力はすさまじく、Masa-POとしてその出資を断ればライバルに出資されて徹底的に潰されると恐れられている。今後、東京のキャピタリズムを支えるのはヤフー・LINE連合やソフトバンクグループかもしれない。

　首都機能は東京近郊にシフトしていくかもしれない。ワシントンやキャンベラの例からも分かるように、政治機能と経済機能の地理的分化は不可欠である。地域は都市国家として各インフラや生活環境、産業と金融を独自に発展させるのである。

　では、日本の中心、つまり精神的中核を担うのはどこかといえば京都である、というのが私の説だ。日本の文化・歴史的背景を考えれば、京都は千年

前から千年後までを見据えた時間軸での意思決定を問われることになる。

しかし、現在の京都はどうか。帝が江戸に遊びに出ており、市の財源も底をつく中、トップダウンによる大局的・機動的な施策は打てず、各自場当たり的に対処しているように見える。このままでは古都が破壊されかねない。インバウンド需要に合わせて町屋を安易にリノベーションした「なんちゃってホテル群」や、京都"風"を装った雰囲気だけの料理屋など、本質を捉えていないものはコロナ禍で淘汰されつつあるが、一方で老舗もバランスシートをうまく活用できず文化・技術の承継ができていない。寺社仏閣から料亭、呉服屋まで、基本的には個人商店であり、メンテナンス投資と運転資金にし

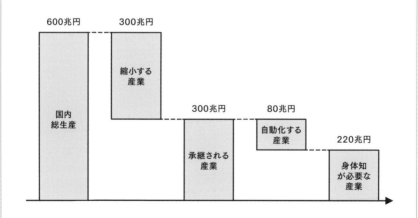

2040年までに日本で起こる産業の新陳代謝

● 2040年までに日本において、産業の新陳代謝が起こると予測されている。
● 人口減少に伴い、国内総生産は縮小する。
● 引き続き残る産業のうち、身体知が必要な産業は70％ほどになると予測している。

出所：一般財団法人 アジア太平洋研究所研究統括 林敏彦「日本経済の超長期予測」(2015年)
株式会社富士キメラ総研「2020 デジタルトランスフォーメーション市場の将来展望」(2020年)
よりブルー・マーリン・パートナーズが独自に作成

か目が向かず、採用・育成・承継ができない。加えて、参入してくる若手はインスタグラムなどのSNSの影響で表面的な「映え」を意識しており、基礎的な技術を丹念に習得することを嫌う傾向にある。こうした要因により、産業が廃れつつあるのだ。

　私が分析するには、我が国のGDP600兆円のうち、入れ替えが必要なのは300兆円（例えば自動車産業からロボティクスへ）である。残すべきインフラ産業や伝統産業などのうち、DXなどで効率化できる部分が80兆円、残りの220兆円は「身体知」、つまり人から人へと伝えていかなければならない。

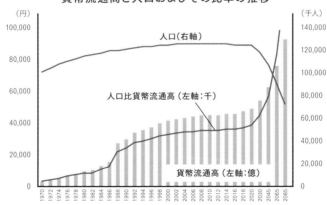

金から人へ｜貨幣の価値は希薄化し人材の価値が高まっていく

- 日本における人口比貨幣流通高は、2045年から2065年の間に2倍になる見込みである。
- 一方、人口は2100年前後で半数の6,000万人になる見込みである。
- 今後は慢性的な人手不足、資金過剰の状態が続くと予測でき、人材育成に資本を投下する必要性があると考えられる。

貨幣流通高と人口およびその比率の推移

出所：日本銀行「マネタリーベース」総務省 統計局統計調査部国勢統計課発行「長期時系列データ（平成12年〜令和2年）」よりブルー・マーリン・パートナーズが独自に作成
※ 貨幣流通高については2020年以降の年成長率を1％として算出

伝統産業のみならず、建築やコンサル、金融業でさえそうである。本当の思考力や応用力を持った人材を育てあげるなら最低でも3〜5年は必要だ。

日本の状況を俯瞰してみると、「若者は搾取されている」と言われても仕方がない。グラフを見れば明らかなように、貨幣の流通量は倍になり、現役人口は半分になっている。つまり、お金より人の方が4倍重要な存在だといえる。子どもや若者に投資せずして、何をもって国づくりなどできるだろうか？

都銀の収益を見ると、大企業への貸付収益が半分、しかもその金利はわずか0.5％であり、収益の1割は消費者金融である。そしてその金利は8〜15％にのぼる。つまり、お金のない若者から未来を奪い、使命を終えた生産性の低い企業はゾンビ化させているわけである。

人材価値を高めるため、速やかに基金創設を行わなければならない。京都でいえば産業文化承継基金がそれにあたるだろう。ドイツのマイスター制度を原型とし、15〜25歳の修業期には5〜20万円の生活手当（クーポンでも構わない）を、稼ぎ始めて現役になればその収益の5％程度を基金に返納し、引退後には年金を受け取るという超長期の制度である。

ローンとは異なり、若者の未来を奪わない。若者が稼ぐほど基金への返納額が増えるので、関係者にとっても技術を与えるインセンティブになる。また、工房を辞めたとしても返納金は入ってくるため、パワハラや人間関係で縛り付ける必要もない。金融と聞いただけで毛嫌いする人も多いが、人間関係のほどよい距離感と価値の流通を促すのが本当の金融哲学というものである。

COLUMN

世界の変化（3つの層／社会の変化／個人の変化）

CHAPTER

世界の変化
（3つの層 / 社会の変化 / 個人の変化）

　ここまで、地域における次の100年の基盤づくりのための、分析・構想・実行について体系的にまとめてきた。これからの100年の地域の暮らしの基盤をつくることを志す人たちに向けた、実践的な手引書として、超長期の地域全体の価値の向上を担う人が、まず何から始め、どのように道筋を立て、誰と・いつ・どのように協業するべきか、できる限り具体的に、私たちの実践例も盛り込みながらお伝えしてきた。

　この章では、私たちが世界をどのように捉えて地域開発に取り組んでいるのかを共有したい。

　この本をここまで読んでいただいた読者諸賢と同様に、私たちブルー・マーリン・パートナーズも、100年後の地域を描くことに取り組む一人の挑戦者である。私たちは、「2020〜2040年に向けて繁栄する、社会的事業の創造」をビジョンとする、事業創造ファームだ。2006年の創業から2020年までの約15年間で、宇宙開発から劇団まで、新しいパラダイムを持った事業を見つけ出し、出資し、メンバーの一員として事業開発に取り組んできた。というのも、自動車産業が日本全体のGDP200兆円のうち10％程度を占めていた中、自動車産業を含むおよそ50兆円が旧産業として衰退する運命にあったからだ。自動運転が標準化され、シェアされる中、車の生産台数は急激に減る（実際、車は1日24時間中1時間しか使われていない）。そうすると、新しい基幹産業をつくらねばならない。そこで、ロボティクス・AI・ブロックチェーンなどの事業創造に注力してきた。つまり、2020年までは「富の創造」に力を注いできたことになる。

　私たちが創業時に出資・立ち上げ支援を行った日本初民間の宇宙開発企業

であるispace（アイスペース）が時価総額1,500億円で上場する中、次のテーマとして選んだのは「豊かさの創出」であり、そのための地域開発事業だった。資本主義が過激化し、食や農、冠婚葬祭など、あらゆるものがコモディティ化する中、人々のつながりが分断され、文化や物語が漂白され、「孤独と孤立」こそが今、人々を最も苦しめているものになりつつあるからである。

　ここで一旦視点を変え、地球全体というより広い視野で私たち自身の存在する場所について深く考察してみてほしい。地球において、私たちはどのような役割を果たしているのか。私たちの日々の行動が、遠く離れた地域にどのような影響を与えているのか。これらの問いに答えるためには、地域の枠を超えて、地球規模での思考が必要になる。私たちの居る場所は、地域社会や国家という枠の中にとどまらず、地球という一つの大きな生命体の中にあることを認識しよう。私たちの居る場所を地球という広い視野で捉え直し、その上で地域の特徴を活かし、持続可能な未来を築くための行動をとることが、これからの時代を生き抜くための鍵となる。

　ロシアによるウクライナへの軍事侵攻、年々深刻化する気候変動など、世界は大きな変化の時を迎えている。世界では今、何が起きているのだろうか？ロシアとウクライナの戦争の本質は、共産主義の最後の砦の消失であり、「資本主義の終わりの始まり」を意味している。それでは、今現れようとしている世界はどのようなものなのか。私たちは、共産主義と資本主義が対抗するのではなく、同じ一つの土地に層になって存在し、両立する形になっていくと考えている。

世界は3つの層に分かれている

　私たちの世界は、3つの層で世界線が分かれていると考えている。

　まず、地下数百メートルから地上20メートルには人や自然とのつながりを大切にする「シェアリズム」の世界線がある。次に、地上20メートルから200メートルまでのWi-Fiが飛び交うエリアでは、資本を集約・加工し再分配する「キャピタリズム」が。その上には、メタバースなどにより国境が存在せず世界同時多発的に事業が展開する「ヴァーチャリズム」の世界が広がっている。

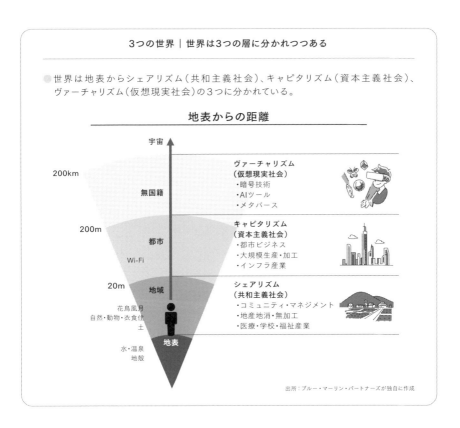

これまでの500年において、人々の関心はキャピタリズム（資本主義）に集中していた。資源を集めて加工し、分配することで経済を成長させてきたが、それによって地表のあらゆる資源は使い尽くされ、環境破壊や格差の拡大など、数々の問題が起き始めている。キャピタリズムへの反発から、地域への回帰やウェブの世界の発展が進んだ。自然や人のつながりの中で生きていくことで幸せと活力を感じる人々、そして、ヴァーチャルの世界で個性を土台として交流・創造する人々が現れてきたのである。

　ただし、現在エネルギーなど多くのものが貨幣を用いた市場に依存しているため、お金を使うことを避けては通れない。また、シェアリズムの世界にのみどっぷり浸かった人たちは、閉鎖的な人間関係などに悩まされ、ヴァーチャリズムに没入する人たちは、注目を集めるための過剰なパフォーマンスに疲れ始めている。

　ではいっそ、キャピタリズムの世界に振りきって生きればいいのかというと、ここにも歪んだ現実が存在する。お金を稼ぐことは価値貢献によってではなく、所属する階層によって決まる、という事実だ。年収と社会的価値は相関していないのである。

年収と社会的価値の逆相関関係

　年収と社会的価値（ここでは1円の収入が生み出す社会的価値とする）は比例しないことが近年分かってきている。次ページの図は、縦軸を社会的価値、横軸を年収としたものだ。この図から分かるように、年収と社会的価値には見事な逆相関が見られる。たくさん稼いでいることが社会的価値につながっているとは言えず、むしろその逆なのである。本来、お金は社会での価値を反映すべきものであるが、実際にはそうはなっていない。収入を決めるのは所属する階級や提供するモノやサービスの搾取性（中毒性）、外部性（リ

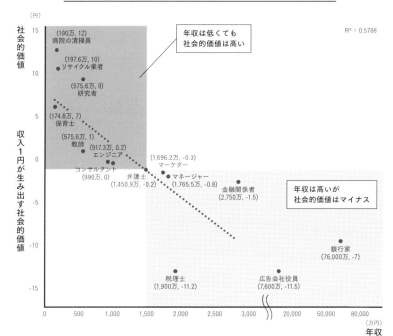

年収と社会的価値には相関がない

- 年収と社会的価値は逆相関の関係にある。
- 年収が高い職業が、必ずしも社会的価値を生み出すとは限らない。

各職業の年収と収入1円あたりがもたらす社会的価値

※社会的価値には２つある
1) GDP／税貢献などの経済価値
2) 社会を支えているもの（教育、健康、子ども、可能性）の創造

社会的価値の算出例
- 病院の清掃員……滅菌により医療現場で救える命の人数などを用いて算出した
- 保育士……一人あたり5人を保育することで親が得られる労働収入を算出した

出所：「リサイクル業者、病院の清掃員、保育士、税理士、広告会社役員、銀行家」は
New economic foundation「A Bit Rich: Calculating the real value to society of different professions」
「研究者、教師、エンジニア、コンサルタント、弁護士、マーケター、マネージャー、金融関係者」は
Journal of political Economy「Taxation and the Allocation of Talent」
よりブルーマーリンパートナーズが独自に作成

スクやコスト負担をほかの人や社会に押し付けること）などである。階級によって所得が決まるキャピタリズムの世界では、長期的に役立つモノやサービスに対価が行き渡らなくなっている。このことも、保育士や看護師の給与が上がらないことと関係している。

　これは金融市場と労働市場の市場規模の差が開いたことで、資産（資本）を運用することによって得られる富が、労働によって得られる富よりも、成長が早くなっているからである。
　個人がこの矛盾に立ち向かうには、価値貢献ではなく、階級や関与する業種を「上げていく」ことが求められる。起業した経営者としては株式価値の向上を狙うか、少なくとも金融業界に関わっていくことになる。この点においては、多くの読者が試みていることだろう。
　しかし、価値貢献に伴う充実感がないまま起こる絶え間ない競争は、人の心身を疲弊させる。だからといって、シェアリズムやヴァーチャリズムといった桃源郷に活路を求めたとしても、行き詰まってしまうのである。３つの世界が存在する現在において、一つの世界だけで生きていくことは困難なのだ。
　そこで私たちは「お金を稼ぐこと」「他者や社会に貢献すること」「生活すること」をはっきりと分けて考え、それぞれを成立させる生き方をお勧めしたい。まずは、今の仕事の中で「お金を稼ぐこと」を担保しながら、根ざす地域を決め、自身や社会、未来の世代のために、地域の再構築に貢献し、生活していくのである。シェアリズム、キャピタリズム、ヴァーチャリズムの３つが心地よく成立するようになったら、地域社会での暮らしに完全にシフトするのもよいだろう。

ボーダレスワールドから
ヴァーティカルワールドへ

　画一化と汎用化を目指すキャピタリズムから脱出し、個性と創造性の発露を目指して人々はヴァーチャリズムの世界に溶け込んでいく。このような大変革の時代において個人の能力だけで生き抜くのは至難の業であり、豊かさを得ることも難しいと伝えてきた。これからは、3つの世界のどれかに依存して生きるのではなく、3つの世界それぞれにおける自身のスタンスを確立し、連携させていくことが重要である。

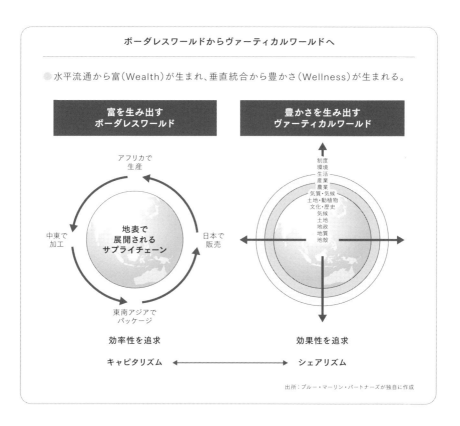

第3章　世界の変化

　自分に合う土地を見つけ、周囲の人と協力しながら、地域に合った「シェアリズム（人や自然とよい関係を築く）」「キャピタリズム（価値交換される）」「ヴァーチャリズム（「世界標準・日本唯一」が認められる）」を構想し、再開発していくのだ。この世界観の変化を、私たちは「ボーダレスワールドからヴァーティカルワールドへ」と題してさまざまな場で説明している。

ヴァーティカルワールドは豊かさを生む

　これまで私たちは、キャピタリズムにおいて「ボーダレスワールド」というコンセプトに則って活動してきた。例えば、ガーナでカカオを収穫し、チリでチョコレートに、フィリピンでパッケージ加工して日本で売るというようなことを、東インド会社の誕生以来およそ400年間やってきたのが人類である。だが、コストが低い地域で生産し、物価の高い場所で売る様式は、輸送時の二酸化炭素の排出によって地球温暖化を引き起こすだけでなく、児童労働などの問題もある。こうした問題は数値化されづらく、生産者が本来担う必要のないコストは軽視されてきた。そうして地表の資源は枯渇し、社会的・自然環境的問題が頻出するようになったのだ。
　こうした「ボーダレスワールド」の終結とともに新しいパラダイムが生まれつつある。それが「ヴァーティカルワールド」というコンセプトである。ヴァーティカルワールドとは、地球の中心から地表を経て、天空へと垂直に伸びる世界のことである。これは必ずしもボーダレスワールドの世界観を否定するものではない。地表でサプライチェーンを展開し一元化された「富」を生むボーダレスワールドに対して、地球の周りではなく、地球の中心から宇宙へ伸びるレイヤーに焦点を当て、ヴァーティカル（垂直）に物事を知覚していく方が「豊かさ」を得られるのではないか、という考え方だ。
　ヴァーティカルワールドのコンセプトに沿って地域開発をするとどうなる

か。山や川などの自然地形によって区切られたエリアごとに、地殻・地勢・気候・文化・生活・産業・制度などが積み重なって存在する多層的な特性をひもとき、そのエリアの核となるコンセプトをもって、地域を再構築するのである。

　ボーダレスワールドは貿易を通して富を生んだが、世界を均質化し、固有の文化を漂白してしまった。近年、都市にはスターバックスやマクドナルドが立ち並び、各土地にあった美しさと豊かさが洗い流されてしまったように感じる。そして同時に土地の特徴とは関係のない暮らしをしている人も増えた。それによって地域に根ざしていない違和感が生まれ、どのように生きればいいのか分からないという、底知れない不安につながっている。土地の個性を理解し、その場所に誇りを感じていれば、自分自身の軸がブレにくくなる。自分の生まれ育った地元である必要はない。その土地に対する主体的参加が、豊かさや関係性、そして自然との対話を生むのだ。ホワイトカラーが地域開発に興味を持つのは、地域に根ざし、そこから資本主義やヴァーチャルの世界に伸びていく方が、豊かさを担保すると直感的に理解しているからであろう。ヴァーティカルワールドは富を追求するのではなく、土地の特殊性をつぶさに見て、そこに調和する生活・産業・制度を整えることで豊かさを追求しようというコンセプトなのである。

日本の課題と新しい姿

　地域開発にあたり、日本の課題と新しい姿について整理しておきたい。

　中央が弱体化する中で各地域に対し財源の自立を迫り、社会的コストと生産機会の損失をもたらす「孤独と孤立」の克服が求められている。この課題に対応するべく、私たちは日本の新しい姿として「USJ（United states of Japan）構想」を提案する。

財源の自立

　今後、日本の各地域は分権化が進み、中央政府の後ろ盾を失うことによって各自治体の経済的自立が求められる流れが加速している。それは目下の地方分権政策の流れからも見て取れる。90年代以降、第1次地方分権改革を皮切りに、日本政府は戦後の経済復興を支えた中央集権体制からの転換を志向するようになった。その後も第2次地方分権改革、提案募集方式の施行と運用……と、議論や法整備は着実に進んでいる。地域の権限拡充と財源の独立化は今後も必至の流れであろう。

孤独と孤立の克服

　暮らしに関する変化として、コロナ禍以前より、日本の社会問題として「孤独」が深刻になってきている。人口が減少する中でも社会的なつながりを強め、孤独と孤立を解消することが求められているのだ。ひと昔前には核家族4人暮らしが一般的だったが、2040年には世帯構成人数が2人を切る予測がある。おひとりさま世帯およびグループが増加傾向にある。世帯構成人数

孤独と孤立（社会的コスト）

- イギリスでは「つながりのないコミュニティ」の社会保障コストは、年間4.2兆円、GDPは1.6兆円の改善が見込めると予測されている。
- 日本での「つながりのないコミュニティ」の社会的コストは、人口比、家族以外の人との交流のない人の比率（*4）で算出すると年間24.26兆円、GDP改善は9.11兆円と推測される。
- こうしたコストの削減に向けて、行政、自治体も取り組みを本格化させる可能性は高い。

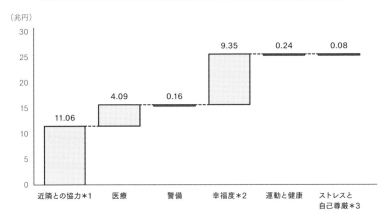

日本における「つながりのないコミュニティ」の社会的コスト

*1：物資の分かち合いや助け合いの欠如によって発生するコスト。
*2：幸福による生産性を向上を損失したコスト。幸福は生産性の12%上昇につながると推定されている。Clark, A. E., & Oswald, A. J. (2002). A simple statistical method for measuring how life events affect happiness. International Journal of Epidemiology, 31(6), 1139-1144.より。
*3：ストレスと自己尊厳の喪失により低下した生産性のコスト。
*4：OECD, SOciety at Glance; 2005 edition, 2005.p8「「家族以外の人」と交流のない人の割合（国際比較）」による、イギリスと日本の数値比と、2020年におけるイギリスと日本の人口比を勘案し、算出した。

出所：「the cost of disconnected communities(2017, Report for The Big Lunch)」による人口比、家族との交流がない人口比を基にブルー・マーリン・パートナーズが独自に作成

が減少し、地域のつながりが弱まっている中、孤独を感じる人たちが増えており、社会的コストが問題になっている。

　人々の健康に寄与するのは、タバコの本数でも運動量でもなく、友人の数だという研究結果も出ている。「社会から取り残されている」「孤独である」「話し相手がいない」と感じている高齢者は、これらを感じない人に比べて入浴や身支度、食事の準備といった日常の活動をする能力が低下し、死亡率が上昇することが6年にわたる調査により明らかとなっている。イギリスで報告された孤独の社会的コストを日本の人口に置き換えて試算すると、約9.6兆円となる。これは2023年の一般会計歳出の8％にものぼる。個人の健康を害するだけでなく、社会的損失も看過できない規模なのだ。
　イギリスでは孤独担当大臣が配置され、孤独に対する政策が加速している。2021年には、イギリスに次いで日本が世界で2番目となる孤独・孤立担当相を新設した。同様に、地域においても、人口が減少する中で社会的なつながりを強め、孤独と孤立を解消することが求められている。

日本の新しい姿（USJ構想：United states of Japan）

　さて、日本の人口が6,000万人となった未来を想定すると、人口は地方ハブ都市に集中する。そうなれば、都市と都市の間は自然だけが広がり、それぞれの都市が独自の発展を遂げるだろう。日本は都市国家（USJ：United states of Japan）に向かうことになるのだ。中央政府の力が弱まり、地方分権が進む中、日本全体で統合的にブランディングするのではなく、地理特性に合わせて7つ（北海道・東北・北陸・TOKYO・近畿・瀬戸内・九州）に分割する。その上で、それぞれが独自の制度・産業・街を有する地域へと進化するのだ。

都市（マーケット）は人工的につくれない。国が先導したニュータウンは、漏れなくゴーストタウンと化している。例えばトヨタがWoven Cityと冠し、静岡県裾野市のトヨタ自動車東日本の東富士工場の跡地を活用して建設が進められている実証都市がある。2021年の開設発表から5年後の2025年から、実際に2,000人が居住する予定と想定されており、次々に先端技術を使った近未来の町の要素が開発される予定だが、この場所はあくまで実証都市であり、長く続く予定とはなっていない。実験都市としての実現性や持続可能性に関する疑問があり、理想的なコンセプトと実際の生活とのギャップが問題となる可能性が指摘されている。

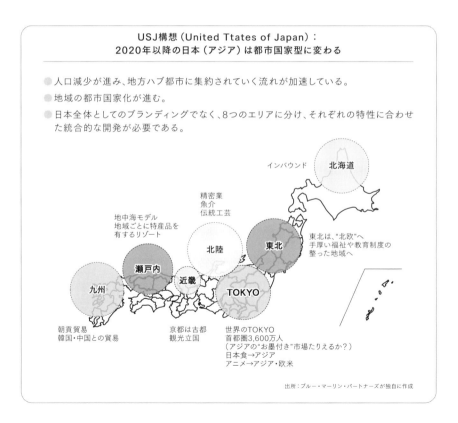

巨大企業であっても、町をシステム的につくることはできないのだ。都市とは、あくまでも自然発生的に市場、つまり人と人の交易の交差点から生まれる。利のないところに人はいない。これから日本の各地域は、どこであっても自主的に世界的な都市国家を目指さなければならない。それが唯一無二の論点である。

例えば北海道は、アジア御用達の保養地になっていくだろう。東北はアジアの"北欧"として、手厚い福祉や教育制度の整った地域になる。北陸は、精密業・魚介・伝統工芸の中心地になる。TOKYOは、シンガポールやニューヨークに並ぶ国際都市と化していくだろう。近畿は、京都を古都として観光立国に。中部・四国の瀬戸内海地域は、地中海地域のように、エリアごとに特産品を有するリゾート地になっていくだろう。九州は、朝貢貿易のように韓国・中国との貿易がますます盛んになる。沖縄は、日本の島国文化を色濃く残す最後の楽園として、アジア圏の人たちのリゾートとなる。

　これを聞いて、自身が直感的に惹かれるエリアに焦点を絞り、豊かさを感じる土地を探すところから始めるのもいいだろう。

事例から地域価値創出を学ぶ

CHAPTER 4

賢い土着の方法（和歌山県有田川町）

2021年、新しい働き方を表彰する「Work Story Award」で当社の代表が審査員を務める機会があった。その際、審査員賞として選出したのは、和歌山県有田川町のぶどう山椒農家である。ぶどうの房のように実り「緑のダイヤ」とも呼ばれるぶどう山椒は、山椒の全国シェア7割を占める和歌山県において、有田川町が生産量日本一を誇る。そんな地元の名産である「ぶどう山椒」の生産量低下を懸念し、東京からUターンをした人物だ。この事例をもとに、地域に土着する秘訣を共有したい。

この取り組みの特徴としてまず仕事と生活が「融合」していることが挙げられる。これまでの私たちの価値観は、仕事をとるか、私生活をとるか、という二者択一だった。仕事の時間は基本的にマイナス（－）で、その疲労を生活や娯楽というプラス（＋）で埋める。そんな考え方を当たり前のように受け入れていた人も多かったはずだ。しかし、これからは仕事と生活が地続きであることが重要になる。仕事の定義を「金銭を獲得するための労働」から「自分の価値観と才能に基づいた貢献作業」へと変えなければならない。この点が実現されていたことが第一の理由だ。

2つ目の特徴に、バリューセリング（価値を共有し、顧客と長期的な関係を構築すること）がある。ぶどう山椒の生産量を上げるのではなく、ブランド価値を高めることで、高級料亭やフレンチレストランにハイプライスで提供している点だ。土地に根ざした生産者が、自分たちの農作物に高い値段をつけることは心理的に難しい。なぜなら、収穫物はある種の自然から与えられた恵みであり、それを人為的に高い価格で販売することは倫理的な矛盾を抱えるからだ。つまり、バリューセリングを実現するには成熟した精神と知性が必要であり、日本の観光業にも同じことが言えるだろう。ブランド価値

を高めてハイプライスで提供することができれば、生活や時間に余裕が生まれ、次の投資や仲間集めに注力できるようになる。

　3つ目の特徴は、仕事を複合的に行っている、いわゆるコンプレックスワーカーであることだ。山椒農家でありながら、収穫期の異なる桑の葉茶を同じ畑で栽培し、閑散期には庭師の仕事にも取り組んでいる。庭師は2012年City&Guild社が実施した調査「City & Guilds Happiness Index」にて、職業幸福度ランキング1位で、2,200人の対象者のうち87％が幸福だと答えている職業である。庭師を経験したことがなくても、土と花に囲まれて仕事をし、それが人に喜んでもらえるというのは幸福な職業だろうと想像できる。ちなみに、銀行員の幸福度は44％で最下位、幸福度は庭師の半分ほどである。

　ここで挙げたワークインライフ（仕事と生活の融合）、バリューセリング、コンプレックスワーキングは、新しい働き方を考える上で重要なキーワードになってきている。

貢献し土着する

　このように、もしあなたが長期的に関わりたい地域を見つけ、包括的な地域開発に携わりたいと望んでいるなら、まずは地域の名士たちを見つけて挨拶し、依頼に応えていくことだ。ここで言う名士とは、いわゆる「5G」の人々だ（「2-2　地域内ステークホルダー」を参照）。地域における役割ごとに、異なる関心ごとや時間軸を持っており、当然求めることも違ってくる。はじめはスマートフォンの表示文字を大きくする方法を教えたり、壊れた草刈機を修理したり、ちょっとした行政書類の作成を手伝ったりと、細かなことが多いだろう。しかし、地域ではこうした「ちょっとした日常的な困りごと」の解決の積み重ねが信頼につながることを忘れてはならない。どんな依頼でも素早く確実に応え、少しずつ依頼の規模を大きくしていくことで、い

つしか「地域のためにやるべきだと思っていることを一緒にやってもらいたい」と打ち明けられる日が来るかもしれない。だいたい土着して土地の信用を得るには短くても半年から2年くらいかかる。その日が来るまでは、地図を片手に歴史を学び、地域をくまなく歩き、その土地の食べ物や自然を満喫しながら、身体を土地になじませていくのがよいだろう。

地域の挑戦者の参謀になろう

　小さな信頼を積み重ねながら、その土地で育った野菜を食べ、山や川に足を運び、地域のイベントに参加しよう。「郷に入れば郷に従え」とはよく言ったもので、「世界標準・日本唯一」につながる地域らしさは、日常のささいな慣習の中にある。剣道や茶道の世界では「まねぶ（模倣する・学ぶ）」ことから始めるように、地域の人々の暮らしぶりを観察し、同じように実践しながら、心身に土地がなじんでいくのを待つのである。特に、地域の祭りのつくり手に回る機会があるなら、積極的に参加してみるのもいい。祭りとは元来、土地の神様と大地、人々が一丸となり、その年の五穀豊穣などを祈ったり、祝ったりする「ハレの日」の行事だ。目抜き通りを歩いても、人一人いなかった地域であっても、祭りとなるとどこから湧いてきたか分からないほど人が集まり力を合わせて祭りを執り行う。地域の底力を感じる時間でもあり、地域の一員として認められる格好の機会である。地域では住民総出の御神事や祭りが多く存在するので、そのどれかに行き、テントの設営や出店の準備、協賛金の営業など、運営として力を発揮することができると、その後続いていく「ケの日」つまり日常でも、同様の役割が与えられていく。

　地域の人々の小さな困りごとを解消し、土地に心身がなじんできたら、次にすべきは地域の挑戦者を見つけて参謀役となることだ。挑戦者とは、地域の未来を真剣に考え、すでに地域内で取り組みを始めている人物である。地

域への想いも人望もあるが、農家や行政出身者など事業立ち上げや運営の経験が浅い人も多く、必ずしも事業を成長させることに長けているわけではない。そのため、事業計画からマーケティング、土地や現金などの資産の相続まで、困りごとを数多く抱えている。

　地域の挑戦者に背中を預けられる段階に来たら、いよいよ都会で培ってきた知識とスキルを存分に発揮し、地域の未来をつくる一員として活動を始めることができる。地域の挑戦者があなたを頼りにしている姿を見て、周囲の人たちも徐々に信頼を寄せていくだろう。また、地域においては資金を持って来られる人も重要ではあるのだが、少子高齢化が何よりもの課題であるため、地域との仲を取り持ちながらつくり手を呼び込める人が重宝されることも、補足して書いておきたい。

食いぶちを用意した上で手弁当でやり後から回収する

　地域に土着する際、最も気になるのは「どうやって生活を成り立たせていくのか」ということだろう。公募されている求人を見てみると、都会で得ている収入と同水準の仕事はほとんど存在しない。だからこそ、収入ではなく「収益」で考え、まずは固定費を抑えること、資産運用型の仕事を増やしていくことが肝要だ。その上でまずは、地域のリサーチから小さな実証実験的な取り組みなどを手弁当でやり、最後に自身の収入を回収する姿勢が求められている。

　地域に通っている段階で割安の空き家を手に入れ、DIYを行いながら住める状態へと近づけていく。特に古い物件は断熱性と水回りが気になって住む気になりづらい物件も多い。DIYでも、床下に断熱材を入れ、窓などの開口部にプラスチック段ボールなどを貼り二重窓とするだけでも格段に熱効率が上がる。このような取り組みで家賃をゼロまたは削減することもできるだろ

う。また田舎での固定費といえば、車両代である。地域交通が衰退していく中、一人一台車を使っている地域がほとんどかもしれない。車は本体代、燃料費などを含めて高くつくが、ある程度蓄えがある人なら、補助金などもフル活用しながら資産価値の維持が可能な電気自動車を購入し、道路の傾斜を利用して充放電することにより燃料代（電気代）を抑制し、車両代を削減することも夢ではない。

　また、自身の家が定まり余裕が出てきたら、空き家を改修しAirbnb（エアビーアンドビー）や賃貸用として貸し出すのも有効だ。物件の修繕や清掃などの対応は必要で、都会の投資用物件ほど手離れはよくないものの、運営を委託できれば手を動かさずに収入を得ることができ、また地域内外の人々との出会いのきっかけにすることもできる。資産を持つことが難しい状況にあるなら、継続収入が見込めるストック型の小さな事業を作ることだ。例えば、農家であっても、野菜をただ売るのではなく、年間契約で野菜を宅配するサービスにすれば収入が安定する。

　固定費分を最低限資産運用型またはストック型の収入によってまかなうことができれば、自身の時間を自由に使うことができる。さらに、資産的な備蓄があるなら、土着のために稼ぎを気にしなくてもいい期間を計算してみるとよいだろう。使える貯蓄を1カ月あたりの費用で割ると算出できる。その期間に、地域をくまなく歩き、トレッキングなどを楽しみ、収入を気にせずプロジェクトを実行し、信頼を得ていきながら、最終的に自身の収入を回収していこう。

それぞれの土地に一つ小さな迎賓館を
(江之浦リトリート 凛門)

　2018年に瀬戸ひふ美さんによって設立された株式会社凛門は、2021年神奈川県小田原市江之浦に江之浦リトリート凛門を開業した。

　本事例の特徴は、アートとリトリートの融合を通じて、人々の健康と心の豊かさを追求した点である。ハイエンド層が地域の魅力を感じながらゆったりと滞在できるホテルは、地域における「迎賓館」となり、新たな需要や投資を呼び込む主要な客人を招くことができる。新たな産業創成や企業誘致を実現したい地域に特に参考にしていただきたい。

　ひふ美さんは、小田原の地で100年続く建設会社である瀬戸建設株式会社のご令嬢として生まれた。同社にて営業企画などを担当しながら、地元小田原の活性化のため空き家活用をはじめとするさまざまな取り組みを行っていた。まるでお化け屋敷のような状態にあった旧保養施設を取得後、7年の準備期間を経て、免疫力を上げることに特化した環境配慮型リノベーションホテルを立ち上げた。全8室で、食事、クラフト湯治「ルフロ湯治」、周囲の環境を活用したアクティビティを提供している。ブルー・マーリン・パートナーズは、2019年施設のリノベーションの目処が立ち、宿泊事業として別法人化する際に、事業開発担当者として事業企画の構築とサービスの開発などに半年ほど関与させていただいた。

「絵のように美しい海岸」

　プロジェクト発足のきっかけは、ひふ美さんが中学生だった頃、お母様ががんを発症し、続いてご家族が精神的な病を患ったことだった。食事療法や生活習慣の見直しなどに家族一丸となって取り組み回復した経験から、心身

が表裏一体であることを痛感。ひふ美さんは、「全ての病気や治療に共通することは、自身の免疫をあげること」だと強く感じたそうだ。医療費高騰が問題となる昨今、時代は治療から予防へ向かっている。医学の進歩はめざましく、最先端検査技術の登場や機能性医学といった理論も生まれた。自分の身体を深く理解し手遅れになる前に身体をいたわる療養の場を、豊かな自然の守られる生まれ故郷・江之浦の地で開業し、人々の健康に貢献したいと考え、本プロジェクトを発起した。築30年ほどの元保養所の不動産取得。10年ほど使用されていない遊休不動産がその舞台となった。

　江之浦は、豊かな自然環境と歴史的背景、そして多様な産業が織りなす独特の文化風土を持っている。豊臣秀吉や徳川家康が訪れた千利休の茶室があった場所であり、歴史と文化が色濃く残る地域である。小田原から相模湾に沿って南下すると、断崖絶壁の下に迫る海ときらめく陽光の恵みを受けたみかん畑が広がる。この地域の特性を理解するためには、それぞれの要素がどのように関連しているのかを見ていく必要がある。

　まず、海に面した傾斜地という地勢に着目したい。江之浦が「絵のように美しい海岸」に由来する地名である通り、美しい海岸線を形成し、温暖な気候と相まって、農業や漁業に適した条件を提供している。特に江之浦漁港は地域経済の中心的役割を果たし、新鮮な海産物が地域の食文化を豊かにしている。

　かつてみかん畑だった場所には現代美術作家・杉本博司氏が設計した「江之浦測候所」がある。この屋外型美術館は地域の文化的魅力を高め、観光の面でも重要な役割を担っている。このエリアは、豊臣秀吉が千利休に命じて茶室をつくらせ、建築家ブルーノ・タウトが「東洋のリビエラ」と愛でた、風光明媚な別天地でもあるのだ。

「凛門」での特別な体験

 そこで、ひふ美さんは絵のように美しい「江之浦」に自身が経験してきた健康に対する想いを重ね、感性を解き放ち自然の恵みを体感することをコンセプトとしたリトリートホテル「凛門」を構想した。建物の内装に天然木を全て使用し、エアコンを使わず、温水と冷水を管に通して輻射（ふくしゃ）熱で温度を調整するパネルシェードを全部屋に設置するなど、環境配慮型の施設としてリノベーションされた。
「凛門」では現在、湯治、デトックス、マッサージやトリートメントを通じて、免疫力を高めることに特化したサービスを受けることができる。また、ホテルに隣接する江之浦測候所をめぐれば、人類とアートの起源をテーマにした杉本博司氏の作品に触れることができる。ホテルに宿泊し、1年に4回の節目にのみ朝5時半から人数限定で開催される「光遥拝」に参加すれば、特別な体験となるだろう。
 私たちがひふ美さんとともに企画したのは、この素晴らしい設えと極上のサービスに加えて提供する「リトリート・プログラム」の部分だ。8室しかないホテルを持続的に運営していくためには、1泊あたりの単価を上げていくことが必要不可欠である。そこで、「免疫力を上げる」食事、睡眠環境、温浴施設に加えて企画したのが、受けるだけで心身が健やかになるリトリート・プログラムである。リトリート・プログラムは、最先端の医療検査と伝統的な療法を組み合わせた5つのステップで構成される。5つのステップには、身体特性の理解、障害となる構造の改善、特殊温浴設備による湯治療法、薬膳理論に基づく食事、滞在後の継続支援が含まれる。提供されるプログラムは、ヨガ、太極拳、鍼灸、足つぼリフレクソロジー、ストレッチ、ファスティング、フラワーレメディ、薬膳監修など多岐にわたる。来てくださった方々に、ここだけの体験価値を提供していくべく開発・準備を進めている段階だ。

アートとリトリートの組み合わせが新たな価値をもたらす

「凛門」は2021年6月の開業以来、アートと自然が織りなす独特の体験を提供する唯一無二のリゾートであり続けている。その証拠に、高級ホテル・旅館専門の予約サイト「一休」では、箱根、熱海、伊豆地域の旅館において2024年1月29日現在、クチコミ評価＆件数順（総合）で2番目に表示される。また、新型コロナウイルス感染症対策などにより、8室あるうち稼働させる部屋数を3部屋に切り替えたために、宿泊費用は当初想定していたものから2倍ほどになったが、連日満室で1カ月先まで予約が取れない時期があったという。

こうした経験は、単に身体を癒すだけでなく、心を豊かにし、感性を刺激するものである。「凛門」では、健康とアートの融合を通じて、人々の生活に新たな価値をもたらすことを目指している。アートとリトリートのこのユニークな組み合わせは、訪れる人々にとって忘れがたい体験となり、地域の関係性と豊かさをますます向上させるであろう。

こうした、要人が訪れても安らぐことができるホテルがあることは、地域に雇用が生まれ、食材の生産者や施術者などに対して十分な対価が支払われ、地域の方々が誇りを取り戻すきっかけとなる。各土地に最低一つは、その土地に要人が来た時に迎える小さな迎賓館が必要である。それはさながら、世界各国の国王や大統領を迎え、外交活動の舞台となってきた赤坂迎賓館のような、本物のゲストハウスである。大規模なホテルはいらない。10室以下の別荘を改装したものでも構わない。その代わり、価格設定で妥協しない。1泊10万円を支払ってでも泊まりたい人に向けてつくっていくのがいいだろう。

日本の伝統文化「湯治」を現代にアップデートする（石川県）

「金沢まいもん寿司」を日本各地に展開し、利他やおもてなしに代表される心を備えた日本人としてのアイデンティティを持つ人間を輩出することを経営目的とする株式会社エムアンドケイの創業者・木下孝治さんが長年抱いてきた構想、「湯治」を通じたまちづくりプロジェクトを紹介したい。

木下さんは、建築家としてのキャリアをはじめ、「自身の思うようにデザインした建築を作りたい」という探究心から回転寿司屋の経営を構想し、鮮魚市場の立ち上げに始まり、イメージは『千と千尋の神隠し』の舞台のような遊び心も取り入れた高級感ある店舗を作り、一躍店舗を拡大し、イタリア料理店なども含めて12ブランド、約45店、グループ売上高は約110億円のところまで成長させてきた。さらに一般社団法人 日本回転寿司協会を立ち上げ、業界全体での知見共有や人材育成を牽引してきた。その木下さんが長年抱いてきた人生の集大成は「まちづくり」だという。

「新・湯治場」で温泉街を再興するという夢

まちづくりには、木下さんが取り組んでこられた空間設計、プロデュース、人間力の育成を根幹とした人材育成など全ての要素が含まれている。木下さんは、自身が長年事業を営んできた北陸地域でまちづくりの足がかりとなる活動を始めた。それが温浴施設の運営である。現在は会社において、2軒の施設を行政から指定管理を受け、運営している。しかし、木下さんが構想していたのはさらに踏み込んだ、地域・人・医療の力で現代人の身体・心・魂の治癒を実現し、「健康」により温泉街の復活を目指す、「新・湯治場」であった。

温泉街は古くは「湯治場」と呼ばれ、娯楽というよりは、リウマチや神経

痛、打ち身などの病気の療養を目的として訪れる場所だった。国民皆保険制度が導入され、西洋医療における投薬治療が普及した近年では、温泉街を療養目的で訪れる人は減少している。

　多くの温泉街は、療養を目的とした湯治場の時代から、高度経済成長期に娯楽施設化した時代、そして人口減少や自家用車の普及に伴う日帰り観光客の増加、および少人数のグループでの旅行者の増加観光客の減少時代を経験している。こうした時代背景がある中で、温泉街はどのようなコンセプトで再開発されていくべきだろうか。

コンセプトは癒やしではなく「治療」

　木下さんが構想していたのは、土地と人と自然が融合し、さまざまなアプローチから現代人の心に訴えかけることで健康を実現する場であった。従来の「湯治」のコンセプトを進化させ、身体・社会・精神的に充実した宿泊滞在施設として復活させるというのがこのプロジェクトのコンセプトである。具体的には、下記のような複合的な体験を、コンシェルジュが顧客に合わせてカスタマイズし提供する場所をイメージしてほしい。

　宿泊客ごとに専属のコンシェルジュが心身の課題をヒアリング。宿泊施設で検査や治療、投薬まで完了できる施設を完備する。特に、既存の保険医療では解決が難しい老化やうつ病などの悩みを、最先端医療やアーユルヴェーダ・中医学などを用いて解消する。滞在期間中はゲストの状態に合わせてセミカスタマイズされ、地域の食材から気を取り入れる薬膳が提供される。

　現代の悩みの多くは、孤独から発する精神的な病である。趣味・嗜好に応じて、農作業の手伝いや寺院訪問などを通じた地域との交流を調整。社会的なつながりや身体性を回復する。特に農作業は土いじりや共同作業によるオキシトシンの効果が科学的にも認められている。

旅行先での本質的な癒しは、その土地の固有性に浸ること。地域の伝統工芸・アート・歴史について、ガイドの解説を通して理解を深め、精神的な充足を得る。また内面を見つめる手助けをするコーチ・カウンセラー・僧侶の存在は、ゲストの魂の癒しを実現することを目指している。

　私たちはこれまで数々の起業家と伴走した事業創造の経験から、こうした想いを事業として形にすべく、癒しではなく治療にコミットすること、4泊〜1カ月の滞在と高単価を実現すること、リピートの設計を行い定期的な来訪を狙うことなどを盛り込み、LTV（顧客生涯価値）などのKPI設定を折り込んだ事業企画を立案していくこととなった。

世界の最先端の潮流との融合

　このコンセプトは、世界におけるリトリート施設の潮流でもある。日本の湯治という伝統文化を現代のスタイルに調整することで「世界標準・日本唯一」の地域にアップデートすることができる。

　本プロジェクトを通じて、私たちは2カ月ほど候補地を周り、医師や料理人、富裕層向けサービス事業者、行政、市民などの関係者の巻き込みを行いながら木下さんのアイデアと想いをビジネス的な成立と併せて伝える企画書を作り上げた。現在は、地元である石川県に焦点を絞り、コンセプトの実証実験の実施に向け、湯治プログラムをつくり込みながら、企画会社の立ち上げに向け資金調達とチームの組閣を実施している。

　回転寿司事業を通じて日本文化の産業化と誇りを持って働く人材の育成を行ってきた木下さんが、私たちと出会い、石川県という最高の舞台で、人生の集大成の事業を始めようとしている。

スマート・コミュニティ・ホスピタル構想
(公平病院)

　地域の中核企業とは、「地域に盤石な顧客基盤を持ち、各ステークホルダーと十分な関係を構築している」企業であると述べた。この定義には、地域特化型のメディアに加えて、医療法人（病院）も該当するだろう。というのも、人は基本的に自宅から近い場所にある病院を訪れ、引っ越しをしない限りは同じ病院に通い続けるものだからだ。

　市民価値向上の章で触れた、関係係数の計測と中核企業の事業を通じた数値の改善は、これから段階的に医療の提供体制が危機的状況となる、都市圏郊外において活用できる。ここでは、その先端事例を紹介したい。

70年続く地域の健康を見守る病院

　埼玉県戸田市にある公平病院は、1軒のクリニックとして開業してから70年以上、地域の健康を支える中規模病院として運営されてきた。現在の理事長であり院長の公平誠さんは、国立大学医学部を卒業後、国立がん研究センター中央病院にも所属し、希少がんの臨床研究を行うなど、第一線で活躍している人物である。公平病院を財務状況が厳しい状態で承継し、その後、高品質の医療をチームで提供できる体制をつくり上げながら、抜本的な改革を推進してきた。新型コロナウイルス感染症が流行した際には、県内で初めて発熱外来を開設し、新型コロナウイルス感染症専用仮設病棟を新設。重症化する患者を少しでも減らし、新型コロナウイルス感染症の終息に近づけるよう、地域医療の提供体制維持に向け取り組んできた。感染症への対応を迅速に推進した結果、その期間に周囲の患者数が急激に増加し、地域から信頼を獲得し周囲3キロメートル圏内のエリアにおいて高い割合の顧客情報を有している状況となった。

経営状況も回復し、有事の対応が落ち着いてきた2023年。日本全体の医療崩壊が間近に迫る中で「自分たちがなぜ、ここで医療を提供するのか？」大義を模索する中で公平さんがたどり着いたのは「病気への対応の枠を超え、地域のWell-beingを見守り促進する」ことであった。

そのビジョンを実現するべく新病院やクリニックの開設に着手する中、長期ビジョンを言語化し、チーム内外に共有するため、当社とともに、2カ月間「長期ビジョン策定プロジェクト」を行った。本事例はその中で伺った「スマート・コミュニティ・ホスピタル構想」や公平病院の今後の展望について共有したい。

次の潮流として注目が高まる「Well-being」

地域の中核企業が病院である場合、どのように地域マネジメントに参加するべきだろうか。

病院が保有する患者情報には、通常開示しない健康状態に関するデータも含まれており、患者一人一人の深い状況把握が可能である。公平さんはこれらを活用し、身体の病気状態への対応の範囲を超え、地域のウェルビーイング（Well-being）を担保する役割を病院が担うべきだと考えた。

Well-beingとは、「肉体的にも、精神的にも、そして社会的にも、全てが満たされた状態にあること」である。世界保健機関（WHO）が、健康を上記のように表現して以来、ウェルビーイング（Well-being）という言葉が一般化しつつある。近年、世界中が指針としているSDGsの次の潮流として、Well-beingが注目されているのだ。

社会的なつながりが、タバコや酒よりも健康に影響するという調査研究がある通り、人間の精神的側面、身体的側面、社会的側面は相関関係にある。一方で、現状ではそれぞれの側面をさまざまな事業者が個別に支援しており、

効果的な支援を行いづらい。そこで、病院が従来のカルテで管理していた診察や検診のデータに加え、精神的、社会的側面のデータも統合して管理し、そのデータを活用してパーソナライズした「処方」を行っていくことで効果性を高められると公平さんは考えたのだ。

ここでいう「処方」とは薬やリハビリだけでなく、「このお祭りに参加してはどうか」「このような食事をしてみてはどうか」というような、食事や運動、地域の活動への参加の提案も含まれる。3つの側面は関連しているからこそ、投薬や処置以外の方法も用いながら、市民をWell-beingな状態へと導いていくのである。

病院が地域のWell-beingを担保する役割を担う

近年、地域医療において「コミュニティ・ホスピタル」が浸透してきた。コミュニティ・ホスピタルとは、狭義において、総合診療を軸に超急性期以外の全ての医療、リハビリ、栄養管理、介護などのケアをワンストップで提供する病院のことである。コミュニティ・ホスピタルへの関心の高まりの背景には、日本の高齢化に伴って膨張する社会保障費が財政を窮迫し、医療ニーズにおいても病気になり始めの対応（急性期）から、病気の状態から日常に復帰していく対応（回復期）、病気と付き合っていく対応（慢性期）へと変化してきていることが挙げられる。変化する医療ニーズと膨張する社会保障費に対応するには、未病および社会的処方による医療費の抑制が必要不可欠なのである。

従来のコミュニティ・ホスピタルの考え方に、ウェアラブルデバイスによる健康データの定期トラッキングやデータ活用、そして移動の予約を一つのスマホアプリによって提供する「スマート」の要素を加えた、「スマート・コミュニティ・ホスピタル」が公平病院の目指すビジョンである。診察を受

けたり何かあれば必ず連絡する「かかりつけ医」を窓口としたりしながら、ウェアラブルデバイスなどで取得した健康データをもとに、Well-beingな行動の提案を行い、フィットネスや地域のお祭り、クラブ活動などにつなげていくのである。さらに、体の不調だけでなく困りごと全般を相談できる「オンライン相談」や、地域での移動に必要不可欠なバスや電車、タクシーなどのモビリティとも連携し、実際に移動するところまでをサポートできれば、地域のWell-beingを下支えできるだろう。

その第一歩として、Well-beingをテーマとした開放的な病院をつくる予定だ。1階にはキッチンカーなどが集う広場、2階には内科から耳鼻科、皮膚科まで外来を揃え、3階は入院施設とし、地域に開かれ、親しまれる存在の設計としていく。日本では実現していないものだが、欧米の病院には、農園やキッチンが設置されており、病気の入院患者に休養以外の役割を与え、健康な人たちとも触れ合わせる。まさに「世界標準・日本唯一」の取り組みだ。病院に加え、身体の不調以外の相談も可能なよろず相談機能、そして遠隔診療を備えたクリニックや診療ボックスも充実させ、地域の人たちの状態を定点観測しながら地域全体のWell-beingを下支えしていく。

日本の通例となっている医療のパラダイムを超えるビジョンを掲げる公平さんは、「日本の医療の行く末を考えると、必要不可欠な方向性であるように思う」と語っている。近いうちに来る、医療需要の増大と医療従事者不足、社会保障予算の枯渇の状況を考えると「地域医療の提供体制維持」のためには、Well-beingを統合的に見守り、悪化を予防することが必要だからだ。

モビリティやウェアラブルデバイスのサービスのためには、株式会社でないと事業が展開できない。地域に頼られる病院の増床移転に加え、新規クリニックの開設、そして株式会社設立を通じたWell-being領域への事業展開まで、地域の健やかさを支える大義を掲げる公平病院の進化は続いている。

おわりに

　都会に住むビジネスパーソンの中には、地域に憧れを持つ人たちが少なからず存在する。いわゆる"田舎"になじまず、少し浮いた存在で、「田舎には居場所も役割もない」という挫折がある。「でも、ここではないどこかに、自分の活躍できる場所があるはずだ」と、半ば逃げるように都会に出てきた人もいるだろう。

　こうして都会に出てきた人々を吸収したのは、分業の中「考えること」を生業としてきた「知的労働」の世界だった。「ＩＴ」「人材」「コンサルティング」などの領域に出合い、資本主義の中で「いかに効率的に成果を上げていくか？」に焦点を当て、成果を出しさえすれば居場所を与えられる。

　都会における格闘の中で、高い報酬や社会的地位を得た人も多かったが、心のどこかでは「生まれ育ったあの環境になじまなかった自分」という負い目を捨てきれずにいる。「自分を丸ごと受け入れてもらえ貢献できる場所はどこにもないのではないか？」、そういった一抹の不安を感じながら、都会の細切れの関係の中で、刹那的な時間軸で生きている。

　そうこうしているうちに時代は変わり、「社会システム」の綻びが看過できなくなってきた。地縁・血縁を基盤とする地域から出て、暮らしで拠り所としてきた都会の「社会システム」が、機能不全を起こし始めたのだ。

　都会で与えられていた居場所や役割も、どうやら長くは続かないらしい。うっすらと終わりが見えつつも、何かを追い求めるようにサウナに通い、休日は１時間かけて近隣の森へキャンプに向かう。そんな繰り返しの中で、ある時唐突に機会が訪れる。片田舎の定食屋の素朴なご飯や、何気なく登った山の景色、銭湯のような簡素なつくりの温泉、居酒屋のオーナーのちょっとした一言に、信じられないくらい骨身に沁みる感覚を覚える。そんな瞬間が

訪れたなら、地域に根ざして居場所をつくりながら新しい社会をつくる生き方を選ぶタイミングなのかもしれない。本書は、その方法に焦点を当てて解説を試みたものだ。

　地域で何か始めるにあたって、本書では分析と構想にかなりの分量を割いている。ビジネスパーソンが都会で培ってきたマインドやスキルを使って、どのように地域に根ざし、役割をつくっていくのか、なるべく丁寧に解説するためだ。

　もうすでに地域に入り、幸せに暮らしている方々にとっては回りくどく、「構想や分析はもういい。ところで、地域に対して一体何をどのようにしたらよいのか？」と苛立ちを感じたかもしれない。

　実際私たちもさまざまな地域を訪れ、話をさせていただく中で多く問われたことは、「ところで御社は、私たちの地域にずっと関わって、その構想の実現に取り組んでくれるのか？」ということであったように思う。その問いに対して、私たちは本書を通して「はい、そのつもりです。私たちが都会で培ってきた構想・企画の力と、皆さんが長年育まれてきた土地や結束の力を使って懐かしい地域の未来を実現しましょう！」と返事をしたい。

　都会のビジネスパーソンは、地域に自然に根ざし生きる方々と同じように、その土地で生まれ、地域のお祭りに準備から参加し、同じ地区でパートナーを見つけ、家を買い、愚痴を言い合いながらも、地域の会社に勤め上げたりはしないだろう。それでも自身を育んでくれた日本や土地のことを、その人なりの方法で大切にしている。

　生まれた土地を捨て都会へ出てがむしゃらに働く姿は、裏切り者のようにさえ見えたかもしれない。しかしその武者修行は、いつか故郷「で」錦を飾る人たちを増やすためのものである。故郷に錦を飾るのではない。故郷に帰って、その土地全体の富と豊かさを育むための修行なのだ。

　都会でこれまで培ってきた「分析し構想し実行する」力は、全て地域の豊

かな未来のための手段にすぎない。私たちブルー・マーリン・パートナーズは、ある土地の上で結ばれる協業に力を与えることが使命である。そして私たちができることは、初期のほんのわずかなガソリン注入（投資）と、ビジネスパーソンを含めたチーム化、そして地域のコンセプトの言語化のみである。地域の人々やあらゆる存在の声を聞き、ともに「世界標準・日本唯一」のコンセプトを発掘した上で、都会のビジネスパーソンをつなぎ、コンセプトに沿った小さな試作品を作って未来のビジョンのひとかけらをともに体験する。

その土地の「唯一無二」を見つけ周りの方々に振る舞って喜ばれる中で、地域の方々は自身の土地についての誇りを取り戻すだろう。都会のビジネスパーソンは、その磨き込みに協力することで生きる力と帰る場所を取り戻す。新しいのにどこか懐かしい、土地の魅力を感じる地域は、都会と地域の協業によってしか生まれないのだ。

本書や、本書を通して出会う皆さんとともに、100年後まで続く地域の未来をつくっていけたらと思っている。

ワークシート

右記QRコードより、本書内にて課題やテーマを考える際に使用したワークシートをダウンロードできます。ご自身の土地に合わせ課題整理やテーマの検討を行う際に、ぜひご活用ください。ご不明点がありましたら、ブルー・マーリン・パートナーズまでお問い合わせください。

ワークシート
https://bluemarl.in/case/971

お問い合わせ先

ブルー・マーリン・パートナーズ

所在地
〒113-0034
東京都文京区湯島2-33-11 岡田ビル

メール
info@bluemarl.in

ホームページ
https://www.bluemarl.in/

ブルー・マーリン・パートナーズ株式会社のご紹介

> ブルー・マーリン・パートナーズは、
> 「創造に力を与える」をミッションとして、
> 事業創造を推進しています。

私たちは、継続的かつ本質的な事業を根っこから創り、次代を拓く事業にしていきます。

事業創造	自社事業	地域開発
宇宙開発から劇団まで、魅力的で先見性の高い、多種多様な事業開発・事業創造投資で未来を支える価値創造力を底上げします。	個人の主体的な人生を支援する、健康・時間・価値・信用・お金を統合的に管理する事業を推進しています。	日本に住む人たちの豊かさを支える「地域」に着目し、地層から産業・文化まで多層的に分析し創出したコンセプトに応じて地域を再開発しています。

当社の地域開発プロジェクト状況 – 全体概要

● 地域開発について、プロジェクト提案段階も含め複数地域との協業を開始しています。

北海道: インバウンドウェディング事業 [提案中]

京都市: 伝統産業承継基金(弟子入り支援/グローバルマーケ支援)、市政赤字の解決 [提案中]

大阪市: インフラ関連企業の事業創造支援 [実施済]

石川県: 湯治場構想のビジョン策定 [実施済]

呉市(広島): 日鉄撤退跡地問題の解決 [提案中]

福島県: 移住政策 [提案中]

佐賀県: 有田・伊万里、佐賀市への移住政策 [提案中]

埼玉県: コミュニティ・ホスピタルの事業創造 [実施済]

高知(香川): 高松空港国際化事業 [提案中]

和歌山: 海洋資源を活用した教育事業 [出資]

神奈川県: 地域メディアへのコミットメント 出資・神奈川全域の掘り起こし [提案中]

鎌倉市(神奈川): 新駅設立に伴う膨大な土地開発(大学)および役所跡地活用 [提案中]

大分県: 大分県庁との関係人口創出プログラム [子会社]

編者：ブルー・マーリン・パートナーズ株式会社

2040年以降の我が国を考え、超長期の産業の芽を育てるために、アート・医療・農業・金融・宇宙といった分野における新しいエコシステムの創生を目指す。自然エネルギー・地域メディア・リトリートホテル等全国各地の地域開発プロジェクトに関わっている。浜松市認定ベンチャーキャピタル事業者。

監修：山口 揚平

ブルー・マーリン・パートナーズ代表
早稲田大学政治経済学部卒。東京大学大学院学際情報学府社会情報学専攻修士。1999年より大手コンサルティング会社でM&Aに従事し、カネボウやダイエーなどの企業再生に携わった後、独立・起業。企業の実態を可視化するサイト「Valuation Matrix」を運営し、証券会社や個人投資家に情報を提供する。2010年に同事業を売却。現在は、コンサルティング会社をはじめ、複数の事業・会社を運営する傍ら、執筆・講演活動を行っている。専門は貨幣論・情報化社会論。

◎スタッフリスト
編　　集： 桑 昌弘　大西芽衣　安藤 駿　田辺翔子
デザイン： 文字モジ男
制　　作： 小澤 藍　竹森広光

本書の内容についてのお問い合わせ先
株式会社masterpeace　メール窓口　contact@masterpeace.co.jp
件名に「『100年続く地方創生ビジネスの秘密 -世界標準・日本唯一の事業のつくり方-』問い合わせ」と明記してお送りください。
電話やFAX、郵便でのご質問にはお答えできません。
返信までには、しばらくお時間をいただく場合があります。
なお、本書の範囲を超えるご質問にはお答えしかねますので、あらかじめご了承ください。

100年続く地方創生ビジネスの秘密
-世界標準・日本唯一の事業のつくり方-

2024年9月13日 初版発行 Ver.1.0

編　者　ブルー・マーリン・パートナーズ株式会社
発行人　窪田 篤
発　行　株式会社 masterpeace
　　　　good.book 編集部
　　　　〒107-0062
　　　　東京都港区南青山4-15-5
　　　　https://www.masterpeace.co.jp/

● 本書は著作権法上の保護を受けています。本書の一部あるいは全部について株式会社masterpeaceから文書による許諾を得ずに、いかなる方法においても無断で複写、複製することは禁じられています。

©2024 Blue Marlin Partners, Inc. All rights reserved.

ISBN 978-4-909288-94-3